W0207541

Antonia Rados

Die Verschwörung der Securitate

Rumäniens verratene Revolution

Hoffmann und Campe

CIP – Titelaufnahme der Deutschen Bibliothek

Rados, Antonia:
Die Verschwörung der Securitate:
Rumäniens verratene Revolution/Antonia Rados.
– 1. Aufl. – Hamburg: Hoffmann u. Campe, 1990
ISBN 3-455-08378-1

Copyright © 1990 by Hoffmann und Campe Verlag, Hamburg
Schutzumschlag- und Einbandgestaltung: Werner Rebhuhn
Satzherstellung: Fotosatz Otto Gutfreund, Darmstadt
Druck- und Bindearbeiten: Mohndruck, Gütersloh
Printed in Germany

Inhalt

Vorwort

So viele Verratene hat es in Europas Zeitgeschichte schon lange nicht mehr gegeben wie im Dezember 1989: Da ist einmal und vor allem das rumänische Volk, das seine verratene Revolution mit dem Blutzoll von offiziell 1033 Toten und Tausenden Verwundeten bezahlen mußte. Da ist ein gutgläubiger Westen, der in Weihnachtsstimmung den schnellen Sturz der vorletzten Ost-Diktatur bejubelte und mit tonnenschweren Hilfslieferungen unterstützte; zuvor hatte er jahrzehntelang den Anti-Moskau-Kurs des Conducators geflissentlich mit Demokratie verwechselt. Dann ist da auch die Weltpresse, die sich lenken und benutzen ließ wie ein unerfahrenes Kind. Ich zähle mich zu dieser letzten Kategorie.

Am Spätnachmittag des 22. Dezember 1989 war ich mit einem ORF-Kamerateam überstürzt nach Bukarest geflogen: Fünf Stunden zuvor war Nicolae Ceauşescu vom Dach des ZK-Gebäudes geflohen. Nach Ost-Berlin und Prag war auch Bukarest erwacht.

Die internationalen Agenturen meldeten vom 18. Dezember an, daß Timişoara sich als erste Stadt Rumäniens erhoben und den Aufruhr mit Tausenden Toten bezahlt hätte. Ausführlich wurde wenig später über »terorişti« berichtet, die den gefaßten Conducator freizuschießen versuchten. Es seien unzählige gutausgebildete Fanatiker im Einsatz gewesen, war am 26. Dezember, als die grauenhafte Schlacht längst beendet war, vor allem von Vertretern der »Front zur Nationalen Rettung« zu hören. Mehr als 60000 Menschen hätte der skrupellose Diktator auf dem Gewissen, klagte Staatsanwalt Dan Voinea in dem aufsehenerregenden Tele-Prozeß gegen das Ehepaar Ceauşescu.

Nichts von alledem war richtig. Es gab keine 60000 Opfer. Nicht einmal *ein* »arabischer Terrorist« kämpfte für das Comeback des Despoten. Sogar die Flucht des Diktators war Teil des geschickt inszenierten Revolutionsspektakels.

Lange vor Ausbruch der Unruhen hatte die berüchtigte Securitate begonnen, an Plänen für einen Umsturz zu arbeiten. Mit dem entmachteten und ehrgeizigen Ion Iliescu hatte sich eine geradezu ideale Führungsfigur angeboten; vor allem hatte der Ex-Politiker, der einst als designierter Nachfolger Ceauşescus gegolten hatte, verläßliche Verbindungen zur Armee. Und Moskau leistete unterschwellige Hilfe.

Doch die Komplotteure von Bukarest verschworen sich nicht im Namen der Freiheit gegen die Tyrannei – die Herren Iliescu, Măgureanu & Co. traten an, um der Nomenklatura die Macht zu erhalten. Der untragbar gewordene Diktator sollte verschwinden, nicht aber die Diktatur. Das Vorhaben ist den Kommunisten gelungen: zu einem hohen Preis, den das revoltierende Volk zu entrichten hatte.

An dieser Tatsache ändern auch die hohlen Versprechen der »Front« nichts. Die Vorschußlorbeeren, mit denen der Westen den Pseudo-Demokraten Iliescu bedachte, waren im Juni 1990 endgültig vertan: Drei Wochen nach seinem

Wahlsieg hatte der lächelnde Präsident die demokratische Opposition nach massiver Drohung gnadenlos niederprügeln lassen.
Ungewollte Mitspieler der rumänischen Dezember-Tragödie waren sicherlich auch die internationalen Medien. Vor allem das Fernsehen betrog und log – wenn auch unwissentlich. Ich schließe mich nicht aus.
Doch die Securitate lenkte die Revolution raffiniert und zugleich dilettantisch, selbstherrlich und arrogant. Mir selbst wurde erst bei den Nachforschungen für dieses Buch die ganze Bandbreite der Arbeitstechnik des »Sicherheitsdienstes« bewußt, die von glatten Lügen bis zur offenen Einschüchterung reicht. Zahlreiche, zugegebenermaßen wichtige Details über das Komplott des Molochs, der das rumänische Volk vier Jahrzehnte lang im Würgegriff gehalten hat und nun weiter bespitzelt und drangsaliert, waren sogar in monatelangen intensiven Recherchen nicht zu klären. Doch die belegbaren Fakten reichen: Es war eine Verschwörung der Securitate.[1]

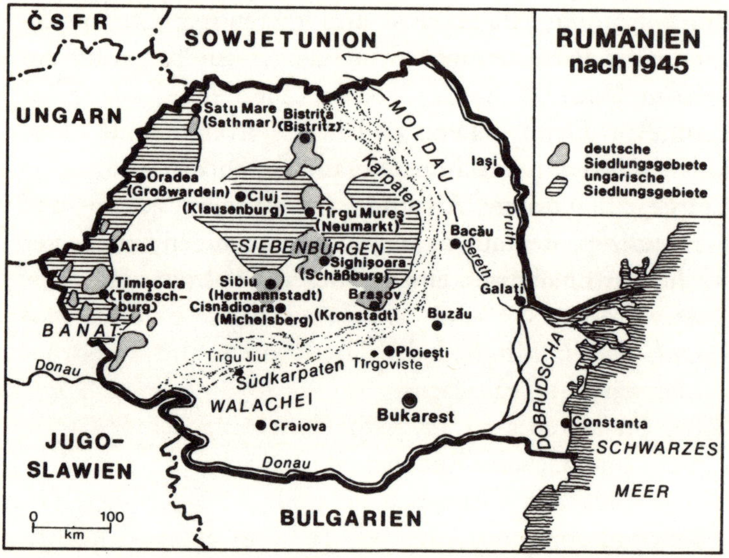
ČSFR
SOWJETUNION
RUMÄNIEN nach 1945
UNGARN
deutsche Siedlungsgebiete
ungarische Siedlungsgebiete
Satu Mare (Sathmar)
Bistrita (Bistritz)
MOLDAU
Karpaten
Iaşi
Oradea (Großwardein)
Cluj (Klausenburg)
Tîrgu Mureş (Neumarkt)
Pruth
Bacău
Sereth
Arad
SIEBENBÜRGEN
Sighişoara (Schäßburg)
Timişoara (Temeschburg)
Sibiu (Hermannstadt)
Cisnădioara (Michelsberg)
Braşov (Kronstadt)
Galati
Buzău
BANAT
Ploieşti
Tîrgoviste
Tîrgu Jiu
Südkarpaten
Donau
DOBRUDSCHA
WALACHEI
Bukarest
Craiova
Constanta
SCHWARZES MEER
JUGO-SLAWIEN
Donau
0 100 km
BULGARIEN

Die handelnden Personen

Brucan, Silviu: Alt-Stalinist und ehemaliger Chefredakteur der Parteizeitung »Scînteia«. Politischer Kopf des Komplotts.

Ceauşescu, Elena: Zuletzt als Erste Stellvertretende Ministerpräsidentin mächtigste Frau Rumäniens.

Ceauşescu, Nicolae: Ab 1965 rumänischer Staats- und Parteichef, der am 25.12.1989 zusammen mit seiner Ehefrau Elena nach einem Schnellverfahren hingerichtet wurde.

David, Aurel: Mitglied der Direktion 5 und ergebener Leibwächter Ceauşescus.

Guşe, Ştefan: Bis 22.12.1989 Generalstabschef Rumäniens und nach der Revolution entmachtet.

Iliescu, Ion: Von Ceauşescu verstoßener KP-Bonze und Reformkommunist, der seit 1987 an einem Umsturz arbeitete.

Măgureanu, Virgil: Seit 1972 Mitglied der Securitate, enger Bekannter von Ion Iliescu und seit 21.3.1990 Chef des SRI, des neuen Sicherheitsdienstes.

Militaru, Nicolae: General, der sowohl in den mißlungenen »Coup der Generäle« als auch in das Dezember-Komplott verwickelt war. Vorübergehend Verteidigungsminister. Gilt als »Moskaus Mann in Bukarest«.

Nica, Leon: Rebellischer Elektrofachmann aus Bukarest. Kämpfte für die Revolution und die Demokratie, wurde jedoch von der »Front« ausgebootet.

Oprea, Sorin: Arbeiter aus Timişoara, der sich an die Spitze der Rebellion stellte und verlor.

Popescu, Daniela: Jahrelange Informantin der Securitate. Trotzdem am Aufstand mitbeteiligt.

Roman, Petre: Mitglied des roten Adels und Iliescus Mitverschwörer. Nach der Revolution Ministerpräsident.

Stănculescu, Victor: Unter Ceauşescu Erster Stellvertretender Verteidigungsminister und Mitwisser des Umsturzes.

Tökes, Laszlo: Pastor in Timişoara, der als »Funke« des Aufstandes gilt und von der Securitate benutzt wurde, um den Aufruhr in Gang zu setzen.

Vlad, Julian: Mächtiger Chef der Securitate, der beim Umsturz mitmachte und im Abseits endete. Im September 1990 vor Gericht gestellt.

Tyrannen leben einsam

Komplott im Park

Auf den ersten Blick hätten die beiden Männer auch Feinde sein können: der eine steif, sichtbar geprägt von jahrzehntelanger Militärdisziplin, der andere ein eher unruhiger, extrovertierter Typ. Trotzdem spazierten General Nicolae Militaru und der Ex-Politiker Ion Iliescu im Juni 1989 wie alte Freunde einträchtig durch den Herăstrău-Park.[1]

Zum Zeitpunkt dieser nach außen hin unverdächtigen Schlenderei durch die ausgedehnte, gepflegte Grünanlage im Norden von Bukarest wurde der 59jährige Iliescu im In- und Ausland bereits als heimlicher Nachfolger des rumänischen Staats- und Parteichefs Nicolae Ceauşescu gehandelt. Er war ein passabel aussehender Mann, der sein Leben mit unermüdlicher Passion der Politik gewidmet hatte. Dem gesamten Parteiapparat war er ein Begriff. So hatte er zwei Jahre zuvor in einer Wochenzeitung des Regimes einen ganzseitigen Artikel unter dem verschleiernden Titel »Kreation und Information« plaziert: Wir müssen »restructurare«, erneuern, hatte die verschlüsselte Botschaft an die Genossen gelautet. Der geistige Vater des Autors war nicht schwer zu erraten. Sprache und Forde-

rungen erinnerten auffällig an Michail Gorbatschow, der seit 1985 im Kreml für frischen Wind sorgte.[2] Iliescus geschickte Offensive, sich auf diese Weise als rumänischen Reformkommunisten vorzustellen, war eher deshalb erstaunlich gewesen, weil er jahrelang das erklärte Lieblingskind des Conducators gewesen war. Er hatte sogar als der ergebene »Kronprinz« des Herrschers gegolten.
Am Beginn seiner Politkarriere hatte sich der Sohn eines Altkommunisten als hoffnungsvoller Jugendfunktionär die ersten Sporen verdient. Mit 38 war er zum Vollmitglied des Zentralkomitees aufgerückt. Dann war er von seinem Förderer zum ZK-Sekretär für Propaganda ernannt worden und hatte in dieser Funktion Ceauşescu 1971 auf Staatsvisite in den Fernen Osten begleitet.
Die Reise wurde ein voller Erfolg, aber sie hatte ein Nachspiel: Die chinesische Kulturrevolution und die Massenkundgebungen der nordkoreanischen Kommunisten hatten den Conducator so nachhaltig beeindruckt, daß er ähnliches auch in seinem Land veranstalten wollte. Bei einer Sitzung des Politischen Exekutivkomitees entwickelte er seine Vorstellungen, die der Propaganda-Chef Iliescu dann in die Tat umsetzen sollte. Es ging im Klartext darum, das rumänische Volk zu einer gefügigen Herde umzuerziehen.[3]
Iliescu bekam den Auftrag, fortan Politspektakel à la Kim Ilsung zu organisieren. Doch er zögerte. Geschickt wich der Propagandachef der ihm offenbar unangenehmen Aufgabe aus, indem er behauptete, den Apparat noch nicht genug zu kennen. Ceauşescu, damals eher nachsichtig mit den Seinen, ließ ihn daraufhin nach Timişoara versetzen. Der Jungfunktionär, lautete der nachdrückliche Auftrag, solle in der Provinzstadt als Zweiter Sekretär für Propaganda das erforderliche Handwerk erlernen.[4]

Der ehrgeizige Iliescu wußte seine Chance zu nutzen. Der Erste Sekretär des Kreises Timiş, Mihai Telescu, war ein alter, unbeweglicher Apparatschik, der beinahe zwangsläufig ins Hintertreffen geraten mußte, denn Iliescu bewies sich als unermüdlicher Parteisoldat. Er war überall dabei. Er eröffnete Schulen, diskutierte mit Studenten, sang Parteilieder... Die verschlafene Provinz war von seiner politischen Geschmeidigkeit beeindruckt.
Nach dreijähriger systematischer Imagepflege in Timişoara wurde Iliescu in die Fürstenstadt Iaşi, im gleichnamigen Kreis im Nordosten des Landes, versetzt. Auch dort nutzte er – inzwischen selbst Erster Kreisparteisekretär – jede Gelegenheit, den Dauereinsatz zu demonstrieren. Und lächelnd sah man ihn an der Seite Ceauşescus, wo immer sich ein Anlaß bot.
Doch im August 1979 war es mit der Freundschaft plötzlich vorbei. Der populäre Günstling wurde von dem eifersüchtigen Conducator auf den Posten des Vorsitzenden des Nationalen Wasserrates abgeschoben. Nach einer harmlosen Kritik an der staatlichen Wasserversorgungspolitik fiel der ehemalige Jungstar dann vollends in Ungnade. Im November 1984 verlor er sogar seine Mitgliedschaft im Zentralkomitee.
Völlig machtlos hatte Iliescu von 1984 an als Direktor des Technischen Verlages von Bukarest beruflich und politisch auf der Stelle getreten. Zwei lange Jahre hörte man nichts von ihm. Doch dann begann der Verstoßene, ermutigt durch die von Gorbatschow in der Sowjetunion eingeleiteten Veränderungen, vorsichtig sein politisches Comeback vorzubereiten. Der Verlagsdirektor reaktivierte frühere Verbindungen, knüpfte neue Kontakte und traf sich von diesem Zeitpunkt an regelmäßig mit Ex-General Militaru.

Der in den Ruhestand versetzte Militär bot sich jedem Ceauşescu-Rivalen als Verbündeter geradezu an. Wann immer ein Komplott gegen den Diktator im Gange war, hatte Militaru mitgemischt. Zum erstenmal war er aktiv geworden, als sich die Armee zu Beginn der achtziger Jahre gegen den Conducator zu organisieren begann. Ein ehemaliger Verteidigungsminister, Ion Ioniţă, trat bei jenem »Coup der Generäle« als Kopf und Motor der Gruppe auf. Mitspieler bei diesem riskanten Unternehmen waren auch andere hohe Militärs, wie die Generäle Ştefan Kostyal und Ion Serb. Und zusätzliche Unterstützung kam aus dem Parteiapparat. Hochrangige Genossen, wie Vasile Pătilinet und Virgil Trofin, dem die Verschwörer die Nachfolge Ceauşescus zugedacht hatten, arbeiteten bedingungslos mit. Der gewiefte Conducator erkannte die Gefahr und schlug zurück: Trofin verschwand zuerst von der politischen Bildfläche. Der vormals einflußreiche Chef der Kader und der Organisationsabteilung des ZK beging 1982 angeblich Selbstmord.[5]

1983 entschlossen sich die Militärs trotzdem zum Handeln. Sie scheiterten. Im Jahr darauf, während Ceauşescu auf Staatsbesuch in der Bundesrepublik Deutschland weilte, probierten sie es wieder. Auch dieser Putschversuch mißlang. Doch die Generäle machten weiter. Nachdem Ceauşescu von neuen konspirativen Plänen in Offizierskreisen erfahren hatte, ließ er in einer Nacht-und-Nebel-Aktion alle Bukarester Einheiten versetzen.[6]

Bald darauf löste sich der »Coup der Generäle« unter mysteriösen Umständen von selbst auf: So kam Pătilinet, den der Conducator auf den Posten eines Botschafters in der Türkei abgeschoben hatte, bei einem Autounfall ums Leben. General Kostyal wurde zu vorzeitigem Ruhestand verdammt. Den Chef der Verschwörung verfolgte der

Conducator sogar bis über den Tod hinaus mit biblischem Haß: Nachdem der angesehene Ioniţă 1987 gestorben war, durfte sein Ableben nicht öffentlich bekanntgegeben werden. Seinen trauernden Kameraden wurde die Teilnahme am Begräbnis verboten.

Der gescheiterte Verschwörerkreis unterhielt freilich auch Kontakte zu Militärs, die ihrerseits in Verbindung zu Moskau standen. Die Sowjets, durch Ceauşescus Nationalismus verärgert, hatten mit Hauptmann Nicolae Radu, dem Kommandanten der rumänischen U-Boot-Flotte im Schwarzmeerhafen Constanţa, einen verläßlichen Mann im Komplott. General Militaru war der zweite. Während der Hauptmann 1987 verhaftet wurde, wagte Bukarest nicht, den suspekten General zu arretieren. Nicolae Militaru schien immer unter einem besonderen Schutz zu stehen.[7]

Der Überlebenskünstler war als armer, chancenloser Bauernsohn geboren worden. Wie viele seiner Generation wurde er zur Ausbildung nach Moskau geschickt. Tief beeindruckt vom Sowjetreich und seiner Allmacht blieb Militaru sein Leben lang ein unerschütterlicher »Moskowiter« und treuer Kommunist. Und das um so mehr, als er in der eigenen Heimat beruflich nicht weiterkam; zwei Jahrzehnte lang war er lediglich auf unbedeutenden Posten in der Provinz stationiert. Nach seiner Ernennung zum Kommandanten der zweiten Garnison von Bukarest im Jahre 1970 kam Militaru erstmals mit höchsten Parteibonzen in Kontakt. So mit Ion G. Maurer, dem ehemaligen Königsmacher der KP, der dem unzufriedenen General sein Leid mit dem Conducator klagte.

Noch 1965 hatte der Machtstratege Maurer in einem geschickten Schachzug die Wahl Ceauşescus als Nachfolger

des verstorbenen Gheorghe Gheorghiu-Dej durchgeboxt. Enttäuscht von der Machtgier des ehemaligen Schusterlehrlings hatte dann aber die gesamte Elite begonnen, den Conducator zu kritisieren. Militaru hatte bei seinen Gesprächen mit Maurer die Unruhe in den höchsten Rängen der Partei sehr wohl bemerkt, aber geschwiegen.
Doch 1983, als er zum Vizeminister für Industriebau ernannt wurde, gesellte er sich dem Kreis der unzufriedenen Politiker und Generäle zu. Und Nicolae Militaru erwies sich als äußerst geschickter Komplotteur. Immer im Hintergrund bleibend, koordinierte er Militär, politische Macht – und Moskau. Ceauşescu hatte den »Moskowiter« zwar stets verdächtigt, ausgebootet hat er ihn aber nie.
Militaru, der bei Freund und Feind als »der Mann Moskaus in Bukarest« galt, pflegte unterdessen subtil alle Kontakte weiter. Als er 1985 strafweise vorzeitig in den Ruhestand versetzt wurde, zog er sich ins Nobelviertel Floreasca zurück, wo er seine Fäden noch ungenierter spinnen konnte, zumal seine Nachbarn allmächtige Parteibonzen oder Militärs waren. Sein Begleiter im Park, Iliescu, wohnte ebenfalls in dieser feinen Gegend.[8]
Vordergründig hatten sich die Privilegierten über nichts zu beklagen. Auf den breiten Boulevards von Floreasca und Dorobanţi ratterten kaum klapprige Dacias, die Einheitsautos aus der heimischen Kommandowirtschaft. Importierte Westautos prägten schon eher das Bild dieser vornehmen Bezirke, in denen neben der heimischen Nomenklatura nur ausländische Diplomaten residierten. Auch dem roten Adel standen Sonderläden voller Westwaren zur Verfügung. Restaurants und Herbergen, wie das Parteihotel Tolstoi in der gleichnamigen Straße, dienten zur standesgemäßen Bewirtung von Gästen – aber auch als Treffpunkte für diskrete Unterredungen.

Trotz ihres luxuriösen Lebens verstärkte die Elite von Rumänien ihre Intrigen gegen den Conducator. Und bei diesem versteckten Kampf um die Macht war einer besonders aktiv: Verlagsdirektor Iliescu.[9]

Dumitri läßt bitten

Am anderen Ende von Bukarest, am südlichsten Rand der Stadt, wartete in jenen Junitagen in einer winzigen Neubauwohnung die 33jährige Daniela Popescu[10] auf den gewohnten Anruf von Dumitri, ihrem Führungsoffizier. Die hübsche junge Frau, mit ebenmäßigem Gesicht, großgewachsen und schwarzhaarig, lief nervös im Wohnzimmer auf und ab. Zwei alte Fernsehapparate schmückten den einfach möblierten Raum. Sie funktionierten beide nicht. Auf einem Gerät stand ein vergilbtes Photo von Danielas verstorbenem Vater. Der Armeeoffizier Anatoli Popescu hatte Mitte der siebziger Jahre Selbstmord begangen, nachdem auch er aus dem Heer ausgestoßen worden war. Er hatte gewagt, in Gesprächsrunden die Allmacht des Conducators zu kritisieren.

Tochter Daniela war seit 1985 als Spitzel der Securitate tätig. Sie war mit ihrer politisch nicht makellosen Vergangenheit für diese Tätigkeit geködert worden. Im Alter von 14 Jahren hatte sie sich einer unbedeutenden Oppositionsgruppe angeschlossen, die sich »Transzendentale Bewegung« nannte und sich auch nie zu diesseitigen Aktionen verstieg. Nach der Verhaftung der jugendlichen Führer der Blumenkinderverschwörung bekam Daniela Schwierigkeiten in der Schule. Erst ein Eintritt in die KP-Jugend besänftigte ihre mißtrauischen Lehrer, die als treue Parteimitglieder auch die politische Gesinnung ihrer

Schüler zu überwachen hatten. Nach dem Schulabschluß stieg Daniela bei ROMBAC, einer Fabrik für Flugzeugbau, zum »KP-Sekretär«, zuständig für Sportfragen, auf. Doch bald verabschiedete sich das unverändert rebellische Mädchen von der korrupten Parteiführung im Betrieb mit einem Riesenkrach. Um ihre Funktion zurücklegen zu können, hatte sie sich ein psychiatrisches Gutachten erschwindelt: »Geistige Unzurechnungsfähigkeit« wurde ihr darin attestiert.

Jahre der Arbeitslosigkeit folgten. 1985 ergatterte Daniela schließlich einen Vertrag als Halbtagskraft im »Patinoire Floreasca«, dem Eislaufplatz für Ausländer. Und plötzlich meldete sich der verhaßte Apparat. Zuerst verlangte Dumitri lediglich Informationen über westliche Diplomaten. Er beauftragte die junge Frau, alles zu berichten, was die Klassenfeinde besprachen. Bald mußte Daniela auch die Unterhaltungen ihrer Freunde wortgetreu weitergeben. Für jede Einladung in eine ausländische Vertretung brauchte sie die Genehmigung des Apparats. Nahm sie an Empfängen und Cocktails teil, mußte sie beim nächsten Anruf selbst die banalste Konversation, die sie im Haus der Gastgeber aufgeschnappt hatte, ebenfalls in vollem Wortlaut melden. Im Laufe der Zeit wurde Dumitri immer frecher, Daniela immer verängstigter.

Wie die attraktive Sportlehrerin waren im Laufe des 40jährigen KP-Regimes Zehntausende Rumänen zu Spitzeldiensten gezwungen worden. Vom hohen Parteisekretär bis zum einfachen Werktätigen – jeder mußte seinen Nächsten überwachen, Freunde und auch Familienangehörige denunzieren. Dabei behalf sich Ceauşescus Terrorstaat mit äußerst primitiven Methoden. So wurden die 20000 Arbeiter der Maschinenbaufabrik 23. August, im größten Werk von Bukarest, lediglich von fünf geübten

Securisten überwacht, in deren Büros drei hohe Türme mit eingebauten Tonbandgeräten standen. Damit wurden angeblich alle Gespräche der Belegschaft aufgezeichnet, aber die Anlage funktionierte kaum, und repariert wurde sie nie. Die verängstigten Fabrikarbeiter informierten die Securisten jedoch freiwillig über Unterhaltungen in Kantine und Klo. Mit perfider Erpressung, boshafter Verfolgung bis in den intimsten Bereich und gnadenloser Denunziation hatte die Diktatur Tausende psychisch gebrochen. Wer sich dem System verweigerte, bezahlte. Auch hier arbeitete das Regime mit den üblichen Terrormethoden: mit der Angst des Menschen.[11]

Danielas Mutter hingegen, die 53jährige Maria Popescu, war und blieb eine überzeugte Kommunistin. Seit fünf Jahren arbeitete die einst aparte Frau im Kabinett des Innenministeriums in der Eforie-Straße, in der Bukarester Innenstadt. Sie wurde mit einem überdurchschnittlich guten Gehalt entlohnt.

Frau Popescu war in jungen Jahren Kommunistin geworden. Während sich Anatoli von dieser Spielart des modernen Messianismus bald ernüchtert wieder abwandte, blieb sie, über den politisch bedingten Tod ihres Mannes hinaus, in der Partei. Als Anerkennung für die langjährige Gefolgschaft war der Parteisoldatin eine winzige Dreizimmerwohnung im Arbeiterbezirk Titan, im Süden der Hauptstadt, zugewiesen worden, deren Miete extrem niedrig war. 300 Lei, nur ein Zehntel ihres Monatsgehalts, bezahlte Frau Popescu dafür an den Staat. Es war eine jener üblichen Vergünstigungen, mit denen die Getreuen noch enger an das System gebunden wurden.

Sogar ihre Freizeit opferte Frau Popescu uneingeschränkt der Partei, indem sie bei jeder Kundgebung in der ersten

Reihe mitmarschierte und die teils unwilligen Bewohner des Bezirkes Titan mit politischen Fortbildungskursen indoktrinierte. Sie war dabei nicht nur felsenfest von der Richtigkeit der marxistischen Lehre überzeugt, sondern sie verehrte den Diktator wie einen Gott. Ceauşescu hatte dem Land sichtbaren Fortschritt, Arbeitsplätze und neue Wohnbezirke, wie das Viertel Titan, geschenkt. Dafür sollte man ihm dankbar sein.

Daß die Ghettosiedlung billig errichtet war und schon wieder verkam, wollte Frau Popescu nicht wahrhaben. Die brutalen Schattenseiten der roten Herrschaft verstand sie noch viel weniger. Die sichtbaren Schwierigkeiten ihrer Tochter wischte sie ebenso vom Tisch wie die Tatsache, daß Daniela von der Securitate am Gängelband gehalten wurde. Tief in ihrem Innersten war sie vielleicht wie viele jahrzehntelang treue Parteimitglieder überzeugt, daß Klassenfeinde sowie Regimekritiker beobachtet und bespitzelt werden müßten.

Nachdem die Tochter im Krach aus der Flugzeugwerft ausgeschieden war, bemühte sich Mutter Popescu um eine Stelle für die rebellische Daniela. Sie hätte als Hilfskraft in der Miliz unterkommen können, die dem einflußreichen Innenministerium, wo auch Frau Popescu ihren unkündbaren Posten hatte, unterstand. Daniela hatte entrüstet abgelehnt.

Endzeit-Stimmung

»Defensor nationis«

Nur knapp einen Monat nach dem Spaziergang im Herăstrău-Park, am 7. Juli 1989, erwartete Bukarest hochrangige Delegationen aus den sozialistischen Bruderländern. Ein Treffen der Warschauer-Pakt-Staaten war angesetzt. Als Tagungsgebäude war der in den dreißiger Jahren errichtete Königspalast ausersehen worden, wo bis 1947 der junge König Michael residiert hatte. Seit die Kommunisten die neuen Herren des graubraunen Monumentalgebäudes waren, befand sich im Nordtrakt das Nationalmuseum der Sozialistischen Republik. Der Südteil war Sitz des Staatsrates.

Dort, am Westportal, stand an jenem Julimorgen Staats- und Parteichef Ceauşescu, um seine Gäste zu begrüßen. Als erste traf die Wagenkolonne der sowjetischen Delegation, mit Michail Gorbatschow an der Spitze, ein. Ceauşescu ließ den Kremlchef herankommen. Anstalten, den hohen Gast mit dem sonst üblichen Bruderkuß zu begrüßen, machte er nicht. Doch der Reformer zwang ihn dazu. Nachdem er den Gastgeber mit einer spontanen Umarmung verdutzt und gedemütigt hatte, ging er unbekümmert weiter.

Immerhin war Gorbatschow im Mai 1987 bei seinem ersten Besuch in Bukarest viel offener brüskiert worden. Damals war der Hausherr nach einer stundenlangen Philippika gegen Abweichungen vom reinen Sozialismus in der Großen Volksversammlung mit anhaltendem Applaus verabschiedet worden. Während der Rede des Reformkommunisten hingegen hatte es nur spärlichen Beifall gegeben: Die gehorsamen Einpeitscher hatten auf Befehl des Conducators Zurückhaltung geübt. Als Revanche für diese geschickte Regie hatte Gorbatschow wiederum freimütig den »ungenügenden Beitrag« Rumäniens zum COMECON gerügt.[1]

Die beiden Männer mochten sich sichtbar nicht. Der Reformer wollte, wie Iliescu, den Kommunismus retten, der allmächtige Conducator hingegen hielt stur an seiner maßgeschneiderten Diktatur fest. Völlig unbeeindruckt von der Aufbruchstimmung im Osten zelebrierte er weiterhin sein Markenzeichen, den eigenständigen Kurs.

Als Ceauşescu im März 1965 die Nachfolge des verstorbenen Tyrannen Dej angetreten hatte, war er als feuriger Nationalist aufgefallen. In versteckten Warnungen hatte er immer wieder gegen Moskau gewettert. Da sich der mächtige Nachbar im Nordosten 1944 den Großteil der Provinz Bessarabien einverleibt hatte, war diese Taktik äußerst geschickt gewählt. Die Partei jubelte.

Dann kam der August 1968. Ceauşescu stieg bei allen, Partei, Volk und ideologischen Gegnern, sprunghaft zum bewunderten »defensor nationis« auf, denn er hatte gewagt, die Invasion der Warschauer-Pakt-Truppen in der ČSSR zu verurteilen.[2]

Aber die grenzenlose Bewunderung der Basis nutzte der Conducator nur für seinen eigenen Aufstieg. Er bekleidete bald mehr Ämter, als die Woche Tage zählt: Aus dem Ersten Sekretär wurde ein Generalsekretär, ein Präsident der Republik und des Staatsrates, ein Vorsitzender der Front der Sozialistischen Union und Demokratie sowie der Oberkommandierende der Armee, kurzum, ein machtgieriger Tyrann. Niemanden wollte er neben sich dulden. Keiner war seiner würdig und jeder sein Feind. Iliescu war nur einer unter vielen gestürzten Bonzen.

Ceauşescus Größenwahn kannte allmählich keine Grenzen mehr. Ohne jeden Skrupel präsentierte sich der arme Bauernsohn aus dem Dorf Scorniceşti als direkter Nachkomme des Dakerkönigs Burebista. Den kriegerischen Stamm der Daker, der vor fast 2000 Jahren untergegangen war, erkor er zum Stammvolk aller »reinrassigen« Rumänen. Minderheiten wie Juden, Ungarn, Banater Schwaben und Siebenbürger Sachsen vertrieb der selbsternannte Königssohn außer Landes – in kleinen Dosen und meist gegen ein hohes Kopfgeld in die Devisenkasse. Die Geschichte Transsylvaniens, des ehemaligen Siebenbürgen, wurde umgeschrieben und verfälscht. Aus der Region der Minderheiten wurde flugs die Urheimat aller echten Rumänen.[3]

Ceauşescus verknöcherter Nationalismus, der ihn nicht daran hinderte, sich wirtschaftlich eng an die UdSSR anzulehnen, wurde immer abstruser. Und der Westen applaudierte und schickte Geld.

Erst als Osteuropa sich bewegte, wurde der Einzelgänger plötzlich »kosmopoliter«. So bekrittelte kurz vor dem Julitreffen des Warschauer Pakts ausgerechnet sein Regime, das permanent mit seiner »Eigenständigkeit« hausieren gegangen war, »den Mangel an Solidarität« innerhalb des Bündnisses. Moskau konterte, indem es signalisierte, daß man auch den Militärblock »mit einem neuen Geist« beleben müsse.[4]

Mit der Herrscherclique aus Ost-Berlin marschierte Bukarest allerdings im Gleichschritt. Einen Monat vor dem Bündnis-Treffen hatten die beiden Hardliner die Niederschlagung der Demokratiebewegung in Peking mit unverhohlener Bewunderung begrüßt. Als der damalige DDR-Staats- und Parteichef Erich Honecker in der rumänischen Hauptstadt eintraf, wurde er besonders herzlich empfangen.

Die Spannungen zwischen Bukarest – der schwerkranke Ostdeutsche mußte vorzeitig nach Hause – und dem Rest der sozialistischen Länder wurden um so deutlicher, als am Ende des Treffens der Reformflügel den letzten Stalinisten eine überdeutliche Warnung verpaßte. In der Schlußerklärung fanden sich die üblichen Friedens- und Abrüstungsformeln, aber erstmals stand auch ein ungewöhnlich freimütiger Passus darin: »Eine wesentliche Voraussetzung für die Gewährleistung von Frieden und Zusammenarbeit in Europa«, hieß es in dem Dokument, »ist die Verwirklichung der Rechte und Grundfreiheiten des Menschen in ihrer Gesamtheit in jedem Land, wie sie in allen Erklärungen der Menschenrechte und in den internationalen Menschenrechtskonventionen sowie in der Schlußakte von Helsinki ... verankert sind.«[5]

Während drinnen gestritten wurde, war das Warschauer-Pakt-Treffen für Ceauşescu zumindest in einer Hinsicht ein »voller Erfolg«: Sein Volk hatte bis dahin nicht gewagt, aufzubegehren. Auch während der Tagung sorgten Hundertschaften von Securisten für Friedhofsruhe. Sie bespitzelten und überwachten die Innenstadt so demonstrativ, daß die Bukarester vor Angst wie gelähmt waren.

Der Staat im Staat

In einem gewissen Sinne schien für den gefürchteten Sicherheitsdienst niemand so geeignet wie Aurel David. Mit seinen eingefallenen Schultern und seinem gemütlichen Gang war er alles eher als der Typ eines Stasi-Beamten. Mit Herz und Hirn war David jedoch ein loyales Mitglied der Direktion 5, der zuverlässigsten aller Abteilungen der Securitate. Er war einer der Leibwächter des Tyrannen.

Davids Aufstieg aus einer ärmlichen Hütte im Dorf Cheud in Siebenbürgen bis in den Palast der Macht, das ZK-Gebäude, war beispielhaft für das ganze System. Er vollzog sich langsam und stetig.

In den sechziger Jahren hatte die Familie David im Zuge der großen Kollektivierungskampagne ihr letztes Stück Land verloren. Der Vater kam dann als schlechtbezahlter Arbeiter in einer Chemiefabrik unter, die Söhne waren arbeitslos. Die Familie fristete ein erbärmliches Dasein.[6]

Im Alter von 18 Jahren wurde der älteste Sproß dann in die Militärschule von Sibiu aufgenommen – das früher einmal Hermannstadt hieß. Zuerst wurde er nur in den Fächern Gehorsam und Ideologie unterwiesen. Doch einige Jahre später machte man ihm eine beachtliche Offerte: Eine Offiziersausbildung der Securitate in Băneasa wurde ihm angeboten, und David akzeptierte. Nachdem er weitere drei Jahre im Fach Propaganda sowie im Gebrauch von Waffen geschult worden war, nahm ihn der mächtige Sicherheitsapparat als Vollmitglied auf.

1979 trat der strebsame David zur Aufnahmeprüfung des Innenministeriums an, die zwei Tage dauerte. Er überwand glanzvoll auch diese Hürde, denn er war auf einem Gebiet besonders sattelfest: Wenn es um die offizielle Geschichte des Staats- und Parteiapparates ging, verwandelte sich David in ein lebendes Lexikon. Die unumstößlichen Gesetze des Machtapparats waren ihm nach jahrelangem Politdrill so in Fleisch und Blut übergegangen, daß sie zu seiner eigenen Meinung geworden waren. David war felsenfest überzeugt – und sollte es bis nach der Revolution bleiben –, daß die sozialistische Republik die beste aller Welten sei. Davon abgesehen hielt er sich, wie der Conducator, für einen Nachfahren einer mächtigen Dakerfamilie. In nächtelangem Selbststudium hatte der Leibwächter sogar seine Ahnenkette erforscht; die betulichen Ergebnisse beabsichtigte er sogar in einem Staatsverlag zu veröffentlichen.

Als Mitglied der Securitate genoß der schmächtige Major die irdischen Privilegien eines Auserwählten. »Der Dienst« zahlte gut. Davids Gehalt lag bei 6000 Lei; das war das Doppelte eines Arbeitersalärs. Dazu gab es zusätzliche Lebensmittelrationen und von Zeit zu Zeit seltene Luxusgüter. Farbfernseher und Videorecorder wurden vom mafiösen Sicherheitsapparat als Prämien verteilt – Gaben, die meist anderen Bürgern gestohlen worden waren.

David lebte mit seiner Familie zufrieden und zurückgezogen in einer Neubausiedlung im Norden von Bukarest, die ausschließlich Securisten vorbehalten war. Kontakt zu Andersdenkenden mied der Leibwächter peinlich genau. Sein eigener Verwandten- und Freundeskreis wußte nur, daß der stille Aurel eine wichtige und gutbezahlte Aufgabe erfüllte. In welcher Abteilung er arbeitete, erfuhr die Familie nie.

Die Direktion 5, für die der unauffällige David tätig war, hieß offiziell »Leib- und Palastwache«. Ihre rund 500 Angestellten waren je nach den Schwerpunkten ihrer Beschäftigung acht Diensten zugeteilt. Unter der Leitung

von General Marin Neagoe wurden sie als Leibwächter, Chauffeure, Hausmeister, Spitzel und Techniker zum Wohl des Conducators und seiner Frau eingesetzt. Elena Ceauşescu verfügte dabei über ihre »eigene« Sektion, die ausschließlich zu ihrem Schutz abgestellt war. Ihr persönlicher Wächter war zuletzt Major Florean Raţ.[7]
Der Direktion 5 standen in der gesamten Stadt versteckte Büros und Garagen, Fuhrparks und Mechaniker zur Verfügung. Das Hauptquartier der Einheit lag schräg gegenüber dem ZK-Gebäude, am Platz des Palastes, in einem zweistöckigen Bürgerhaus.[8]

Während Major David auf der untersten Stufe des allmächtigen Apparates wirkte, befand sich an der Spitze der Securitate ein typischer moderner Geheimdienstchef: Julian Vlad.
Kleingewachsen wie der Conducator, mit ergrautem, vollem Haar, glich er mehr einem Professor als einem Generaloberst. Er trat nie in der Öffentlichkeit auf. Nur die Kunstwelt von Bukarest bekam ihn oft zu sehen, denn Vlad besuchte regelmäßig Malerateliers. Er liebte und kaufte moderne Bilder.
In Machtkreisen wurde der Sicherheitschef mit dem Kunstsinn Elena Ceauşescu zugeordnet. Er zählte zu jenen Günstlingen, die von der Frau des Diktators auf hohe Posten gehievt worden waren. Trotzdem war Vlad kein fanatischer Kommunist. Er war eher ein Technokrat von kalter Intelligenz und Effizienz, dessen subtile Verhörmethoden bei Regimeopfern und -gegnern gefürchtet waren.[9]
Noch Anfang der siebziger Jahre war Vlad, der ironischerweise den Namen jenes grausamen Fürsten trägt, der als Graf Dracula durch die Geschichte geistert, noch ein

unbekannter Major der Armee gewesen. Wie viele Militärs hatten ihn die Gehälter des Innenministeriums gelockt. Nach dem Wechsel in das einflußreiche Amt diente er sich in den Abteilungen Kaderpolitik und Administration hoch.

Im April 1978 wurde Vlad zum erstenmal im Westen gesehen. Er hatte Staats- und Parteichef Ceauşescu bei dessen drittem USA-Besuch begleitet, aber niemand hatte ihn beachtet. Doch kaum ein Jahr später war der Unscheinbare zum General avanciert. Offenbar hing sein Aufstieg mit dem Frontwechsel Ion Pacepas, des abgesprungenen rumänischen DIE-Chefs, zusammen.[10]

1983 saß der diskrete Macher schon ganz oben. Er bekam den wichtigen Posten eines Vizeministers des Innern. Wie in kommunistischen Diktaturen üblich, kontrollierte er in dieser scheinbar untergeordneten Funktion in Wirklichkeit die Linientreue des gesamten Ministeriums. Nur vier Jahre danach war Vlad am absoluten Gipfel des Regimes angelangt: Er wurde Leiter des »Departamentul Securităţii Statului«, der Abteilung für Staatssicherheit.[11]

Doch ein Jahr, nachdem Vlad seinen Posten angetreten hatte, tauchten unerwartete Probleme auf: Anfang 1989 hatte er auf Anordnung Ceauşescus seinen verläßlichen Hundertschaften ein bis dahin unverrückbares Privileg streichen müssen. Zum erstenmal seit Ende des Zweiten Weltkrieges gab es am Geburtstag des Conducators, dem 26. Januar, keine Beförderungen und Gehaltserhöhungen. Allen Securisten entgingen somit pro Monat durchschnittlich 1000 Lei, umgerechnet 20 Dollar, eine beträchtliche Summe in einem System, das der großen Masse nur rund 2000 Lei als volles Monatsgehalt zugestand.

In jedem der 40 Kreise des Landes waren aber Zehntausende Genossen als Spitzel und Zuträger für den Sicherheitsdienst tätig. In sogenannten Inspektoraten der Provinz schoben pro Kreis zehn Führungsoffiziere regelmäßig Dienst, von denen wiederum jeder mindestens 20 Informanten zu betreuen hatte. Zusätzlich abgestellte Offiziere waren für die Überwachung der Belegschaften bis in die entlegensten Dörfer und Fabriken verantwortlich.

Seit ihrem Bestehen hatte die Securitate sich ihre Heerscharen mit guten Gehältern verpflichtet und ließ ihnen großzügig so manche Ungesetzlichkeit durchgehen. Die weitverbreitete Korruption im Apparat wurde geflissentlich übersehen. In den meisten Städten des Landes, doch vor allem in Bukarest, durften die vielen Regimewächter auch am real existierenden Schwarzmarkt verdienen. Höhere Offiziere des Dienstes bezogen ein zusätzliches Einkommen, indem sie einen Teil der Einnahmen der Untergrundhändler in die eigene Tasche steckten. Auch bei diesen lukrativen Nebengeschäften wurden nun die Zeiten härter. Aufgrund der insgesamt katastrophalen Wirtschaftslage drohten bald auch diese illegalen Quellen zu versiegen.[12]

Das Jahr der Verschwörer

Überall in Rumänien hatten sich im Laufe des Jahres 1989 Widerstandsnester gebildet, die zum größten Teil innerhalb der Einheitspartei organisiert und von entmachteten Bonzen gegründet worden waren. Die wachsende Not im eigenen Land ließ sich genausowenig ignorieren wie die Tatsache, daß sich in den Nachbarländern Oppositionelle immer kühner zu Wort meldeten – von

Ungarn ganz zu schweigen, das längst nach Westen tendierte und dessen Kommunistische Partei sich zum Träger einer in ihren Konsequenzen noch nicht absehbaren Reformbewegung erklärt hatte. Ein nüchterner Beobachter mußte sich sagen, daß diese Entwicklung irgendwann auch auf Rumänien überschwappen würde. Wollte man die Ereignisse dann noch unter Kontrolle haben, mußte vorbeugend und rechtzeitig gehandelt werden. Darüber hinaus hatte die Parteielite auch persönliche Gründe, das Ende der Ära Ceauşescu zu forcieren. Jeder der Bonzen war vom Conducator irgendwann schon einmal brüskiert worden.

In der Hoffnung auf eine baldige Änderung scharte der ehemalige Außenminister und stellvertretende Ministerpräsident Ştefan Andrei einen Kreis unzufriedener Funktionäre um sich. Wie Iliescu stand auch der pragmatische Andrei für das Rennen um die Nachfolge des Conducators bereit.[13]

In der Stadt Constanţa am Schwarzen Meer streckte ein anderer möglicher Zukunftsträger, der Parteichef des gleichnamigen Kreises, Mihai Marina, ebenfalls seine Fühler aus. Zu seinen Kontakten zählte auch der einflußreiche sowjetische Konsul in der Hafenstadt, Vladimir Kulakow.[14]

Am allergeschicktesten ging Iliescu vor. Zuerst einmal begrenzte der meisterhafte Taktierer sein persönliches Risiko, indem er sich ganz im Hintergrund hielt.

Bereits im Januar hatten rebellische Journalisten und Drucker der Regierungszeitung »România Liberă« eine Untergrundzeitung konzipiert. Unter dem Namen »Allianz R« – das R steht für Rumänien – wollte die Gruppe die schwelende Unruhe in offenen Widerstand umwandeln und hatte dazu sogar entmachtete Parteigrößen wie

Iliescu kontaktiert. Aber der Verlagsleiter hatte kommentarlos abgelehnt.
Tatsächlich wurde die Allianz innerhalb kürzester Zeit aufgedeckt und zerschlagen. Ihre Gründungsmitglieder wurden wegen »Verbreitung regimekritischer Flugblätter« verhaftet. Chef Mihai Băcanu landete im Gefängnis Rahovei, der gefürchteten Haftanstalt der Securitate. Seine Mitverschwörer, die Journalisten Anton Uncu und Mihai Creangă, wurden, nach dreimonatiger verschärfter Haft, in den äußersten Nordosten des Landes, nach Neamţ, verbannt.[15]

Mitte März stand der vorsichtige Iliescu erneut vor einer ähnlichen Entscheidung. Diesmal waren es sogar seine eigenen Genossen und Freunde, die einen offenen Protest überlegten. Sechs entmachtete KP-Funktionäre wollten an Ceauşescu einen offenen Brief richten und ihn der Tyrannei bezichtigten. Das Schreiben erschien. Iliescus Name stand nicht darauf.[16]
Dabei hätte sich der Verlagsleiter sehr wohl in passender Gesellschaft befunden: Denn neben den Ex-Mitgliedern des Politischen Exekutivkomitees, Gheorghe Apostol und Alexandru Bîrlădeanu, hatte sogar der greise Constantin Pîrvulescu, einer der Mitbegründer der KPR, der Kommunistischen Partei Rumäniens, den Aufruf unterzeichnet. Der 94jährige Parteiveteran war vom Conducator 1979 kaltgestellt worden, weil er auf dem 12. Parteikongreß vor einer Wiederwahl des damals bereits Maßlosen gewarnt hatte.
Auch Grigore Răceanu, ein weiteres Mitglied der alten Garde, hatte den Protest namentlich unterzeichnet. Ferner waren der ehemalige Außenminister Corneliu Mănescu und Silviu Brucan mit von der Partie.

Der 73jährige Brucan galt als eigentlicher Urheber des Briefes, der auch im Westen Aufsehen erregte. Wohl hatte der ehemalige Stalinist in den Nachkriegsjahren als Chefredakteur der Parteizeitung »Scînteia« – übersetzt »Der Funke« – federführend die Opposition verfolgt und in einigen Fällen sogar die Todesstrafe für politische Gegner gefordert. Doch nachdem er von 1956 bis 1962 Rumänien als Botschafter in Washington vertreten hatte, holte ihn das Schicksal aller Ceauşescu-Jünger ein. Er wurde entmachtet.

Im Laufe der Jahre wurde der verstoßene Hardliner dann zum Chefideologen der parteiinternen Kritiker. Als überzeugter Kommunist hatte er zwar den Personenkult des Conducators verdammt, das System selbst stellte er jedoch nie in Frage. Brucan wollte »Arzt«, nicht »Totengräber« des Kommunismus sein.

Daß die rote Ideologie repariert, aber nicht abgeschafft werden sollte, lautete infolgedessen auch die Botschaft im »Brief der Sechs«. Die Schuld für die katastrophale Lage Rumäniens schob die alteingesessene Parteielite großzügig dem Conducator zu: »In einer Zeit, in der die Grundidee des Sozialismus, für die wir gekämpft haben, durch Ihre (Ceauşescus) Politik in Mißkredit gebracht und unser Land von Europa isoliert wird, haben wir uns entschieden, kein Blatt vor den Mund zu nehmen ...« stand am Anfang des dreiseitigen Briefes.[17]

Während Brucan wie alle Unterzeichner des Protestes in den Hausarrest wanderte, blieb sein Freund, der unbescholtene Iliescu, in Freiheit. Der Verlagsleiter arbeitete weiterhin unverdrossen an seinem politischen Comeback. So hielt er ständigen Kontakt zu Petre Roman, der zu Beginn der achtziger Jahre sein Nachbar auf dem Kiseleff-

Boulevard war und als junger Universitätsdozent für das Spiel um die Macht wie geschaffen schien.
Roman war als Sohn eines Nationalhelden in die Machtelite hineingeboren worden. Sein Vater, Walter Roman, hatte im Spanischen Bürgerkrieg auf der Seite der Republikaner gekämpft und war nach der Machtübernahme der Kommunisten in Rumänien ruhmbedeckt in die Heimat zurückgekehrt. Er war zum General befördert worden, hatte als Kaderchef im Bukarester Verteidigungsministerium gearbeitet und schließlich bis zu seinem Tode im Jahre 1986 die wichtige Funktion eines Leiters des Parteiverlags Politica innegehabt.
Sohn »Pedro«, wie der junge Roman von seiner spanischen Mutter genannt wurde, hatte von jeher vom roten Erbsystem profitiert. Sowohl in Snagov, dem Erholungsort der Nomenklatura, 40 Kilometer im Norden von Bukarest, als auch in den Karpaten und am Schwarzen Meer genoß er seine Freizeit in Villen, die ursprünglich seinem Vater »vermietet« worden waren. Der Sohn, ebenfalls Parteimitglied, »erbte« sie.
Langjährige Auslandsaufenthalte waren ein weiteres Privileg der Elite, von dem auch der Sohn des Nationalhelden besonders profitierte. So konnte Petre in den siebziger Jahren sein Technikstudium im westlichen Ausland, in der französischen Provinzstadt Toulouse, absolvieren. Schon mit 37 Jahren wurde er Chef der Abteilung für Wasserbau am Polytechnischen Institut. Der attraktive Aufsteiger genoß als unkritisches Mitglied der oberen Tausend sein Dasein.[18]
Doch für Iliescu war die Freundschaft zu Roman nur Teil eines umfassenden Netzes, in dem jedem sein Platz zustand. So war der Universitätsdozent für den Kontakt zur Parteijugend verantwortlich, während General Militaru

seine Fühler zur immer unzufriedenen Armee ausstrecken sollte.
Brucan hingegen war für die Theorie zuständig. Mit dem März-Brief hatte der ehemalige Botschafter einen wichtigen Teil seiner Aufgabe bereits glänzend erfüllt. In einer besonders heiklen Machtfrage hatte der schlaue Brucan auch im »Brief der Sechs« ein deutliches Signal ausgesandt, und zwar in Richtung der allmächtigen Securitate. In einer Passage des Schreibens beruhigte der Verfasser den Sicherheitsdienst. Mit keinem Wort stellte er grundsätzlich die Existenzberechtigung des im Volk verhaßten Apparats in Frage, sondern wandte sich sogar direkt an »diesen wichtigen Machtfaktor« und kritisierte lediglich den Machtmißbrauch: »Die Securitate, die wir gegründet haben, um die sozialistische Ordnung vor ausbeutenden Gruppen zu schützen, richtet sich jetzt gegen Arbeiter, die ihre Rechte fordern, gegen alte Parteimitglieder und ehrliche Intellektuelle ...«[19]

»... um Blutvergießen zu verhindern«

Auch im undurchdringlichen Sicherheitsapparat gab es genügend Männer, sogar auf der mittleren Ebene, die das Ende der Ära Ceaușescu herbeiführen wollten. Virgil Măgureanu war einer von ihnen.
Er hieß ursprünglich Imre Astalosz, war 1972 unter dem Namen Măgureanu vom Sicherheitsapparat als Hauptmann rekrutiert worden und kam unter dem Codenamen Mihai Mihailă bald in der Parteiakademie Ștefan Gheorghiu zum Einsatz. In dieser Kaderschmiede unterrichtete der Mann mit den drei Namen, der es innerhalb kurzer Zeit zum Securitate-Oberst brachte, jahrelang die Auf-

steiger der Nation im Fach Marxismus-Leninismus. Zugleich bespitzelte er Kollegen und Schüler.
Măgureanu war überzeugter »Moskowiter« und verachtete Ceauşescu. Er kannte die sowjetische Hauptstadt von zahlreichen Besuchen, zudem stand er in seiner Funktion als Oberst der Securitate in Kontakt mit seinen Kollegen im KGB.[20]
Als Dozent der Parteiakademie war Măgureanu wiederum mit der wissenschaftlichen Nomenklatura in ständiger Verbindung. Er kannte Petre Roman vom Polytechnischen Institut. Er schätzte Iliescu, den entmachteten Verlagsdirektor. Mit ihm besprach sich das »Mausgesicht«, wie Kollegen Măgureanu nannten, seit Januar 1989 regelmäßig über die Möglichkeiten eines Umsturzes.
Der ehrgeizige Direktor Iliescu und der unzufriedene Securist Măgureanu verabredeten sich meistens im Polytechnischen Institut, einem geradezu idealen Treffpunkt: Die beiden Schulen, das »Institutul Politehnic« und Măgureanus Parteiakademie, liegen am Armata-Poporului-Boulevard im Westen von Bukarest einander gegenüber. Iliescu mußte sich von Berufs wegen immer wieder um die Veröffentlichungen des Instituts kümmern; bei dieser Gelegenheit konnte er auch Roman sehen, ohne Verdacht zu erwecken.
General Militaru hingegen kam selten zu diesen konspirativen Treffen. Und jeder einzelne im »Ring« nahm darauf Bedacht, daß keiner zuviel wußte.
Nur Iliescu stand mit allen gleichzeitig in Verbindung. Er war es, der Roman und Măgureanu kannte. Er traf sich gesondert, wie damals beim Juni-Spaziergang, mit Militaru, er hielt den Kontakt zu Brucan aufrecht und spann seine Fäden äußerst geschickt.
Im Januar 1989 hatte er den komplotterfahrenen Militaru

sogar beauftragt, sich an die höchste Spitze des Sicherheitsdienstes zu wenden. Der General hatte daraufhin dem Securitate-Chef eine geheime Nachricht zukommen lassen. Ungeniert bot er ihm eine Beteiligung an Iliescus Verschwörung an. Vlad sollte sich zunächst einmal nur die Pläne des Reformkommunisten anhören, wobei der Apparat vor allem beruhigt werden sollte, daß Iliescu keinesfalls einen Systemwechsel beabsichtigte. Trotzdem reagierte der zurückhaltende Securist nicht direkt, schickte aber einen ihm bedingungslos ergebenen Mitarbeiter zu dem konspirativen Treffen mit dem Ex-General.[21]

Nur einige Monate darauf, im Frühjahr 1989, geschah dann das Unvorstellbare: Neben den zahlreichen Verschwörerzirkeln in der Partei formierten sich hohe Offiziere der Securitate zur Opposition. »Front zur Rettung der Nation« nannten sie ihre Gruppe.

Nach außen blieb vorerst alles ruhig. Der neugegründete »Ring« im Apparat, im Kern des Systems, meldete sich über Monate hin nicht. Erst im September wandte sich die »Front« mit einem anonymen Schreiben überraschend an die Öffentlichkeit. Obwohl Dissidenten kaum mit dem Ausland in Kontakt treten konnten, erreichte der »Brief der Front« den Westen problemlos.

Der radikal klingende Aufruf ähnelte dem »Brief der Sechs«. Er war in derselben harschen Sprache verfaßt, griff ebenfalls den Diktator an und stempelte ihn zum Alleinschuldigen. Der rumänische Herrscher wurde sogar mit dem schlimmsten aller kommunistischen Tyrannen verglichen: »Infolge des institutionalisierten, ekelhaften Personenkults, der den Stalins weit übertrifft«, heißt es da, »wurde die Partei praktisch abgeschafft, wobei die

drei Millionen Mitglieder auf die Rolle von Beitragszahlern reduziert wurden, deren Aufgabe auch noch darin besteht, allen Beschlüssen des Generalsekretärs Beifall zu zollen.«
Um die Lage zu ändern, verlangte die »Front zur Rettung der Nation« die Abwahl des Conducators. Der für Ende November anberaumte 14. Parteitag wurde als passendes Datum für einen Machtwechsel bezeichnet. Bei diesem Polittreffen, so forderten die unbekannten Briefschreiber ultimativ, müsse Ceauşescu verschwinden. In einer eindeutigen Drohung verlangte die Gruppe rasches Handeln, »um so ein Blutvergießen zu verhindern«[22].

»Hoch lebe der meistgeliebte Sohn unseres Volkes!«

Der Clan und seine Freunde

In arroganter Selbstgefälligkeit hatte Ceauşescu in 24 Jahren unumschränkter Herrschaft ein Mini-Imperium aufgebaut, dessen augenfälligste Stütze seine Familie war. Deren Machtgier schien kaum noch überbietbar. Dazu kam – wohl einmalig im internationalen Vergleich – ein ausgesprochener »Wissenschaftstick«.

Die Gattin des Conducators, zuletzt als Erste Stellvertretende Ministerpräsidentin die mächtigste Frau Rumäniens, bekleidete seit 1979 den Rang der »Vorsitzenden des Nationalen Rates für Wissenschaft und Technologie«. Seit jenem Jahr kontrollierte sie als »Vorsitzende der Kommission für Staats- und Parteikader« überdies die Karrieren sämtlicher Funktionäre.

Sohn Nicu Ceauşescu begann als »Stellvertretender Vorsitzender der Rumänischen Kommunistischen Studentenvereinigung«. Dann wurde er »Erster Sekretär der Union« (ein Amt im Ministerrang) und Abgeordneter in der Großen Nationalversammlung (dem Parlament). Schließlich stieg er zum Parteisekretär im Kreis Sibiu auf.

Während sich Elena, die der Volksmund als »Wissen-

schaftlerin« verhöhnte, mit Titeln im Fach Chemie schmückte, war der Sohn angeblich Atomphysiker. Auf diesem Gebiet avancierte er zu einem »Wissenschaftler von internationalem Ruf, der zahlreiche Werke verfaßt hatte«, log die rumänische Presse standhaft.
Nicus Schwester, Zoe Ceauşescu, wurde zur Chefin der »Abteilung für Mathematik am Nationalen Institut für wissenschaftliche Forschung« ernannt.
Valentin, den zweiten Sproß der Familie, beförderte man dagegen zum »Wissenschaftlichen Sekretär am Bukarester Institut für Physik und Atomenergie«.
Drei der insgesamt neun Geschwister des Sippenvaters profitierten ebenfalls von dessen byzantinischem Familiensinn. Ilie Ceauşescu war seit 1983 stellvertretender Verteidigungsminister und propagandistischer Historiker. Die anderen Brüder verzichteten auf akademische Ehren, doch Ion Ceauşescu avancierte zum Staatssekretär, Vizeagrarminister und Chef der Parteifinanzen. General Andruţă wurde Leiter der Akademie des Innenministeriums, und Bruder Marin hatte man als Leiter der rumänischen Handelsdelegation nach Wien abkommandiert.
Zusätzlich hatte der Clan-Vater Familienangehörige seiner Frau, einer geborenen Petrescu, gewinnbringend für beide Seiten untergebracht. Elenas Verwandter Ilie Verdeţ fungierte bis 1982 als Ministerpräsident. Ihr Bruder Gheorghe Petrescu erhielt einen hohen Regierungsposten. Corneliu Burtică, ein weiterer Verwandter Elenas, wurde Außenhandelsminister. Außerdem wurden sämtliche Clanmitglieder mit Ehrentiteln überhäuft.[1]

Erstaunlicherweise wurde der gierigen Herrscherfamilie diese Anhäufung von Macht, Glanz und Glorie nicht einmal vom Westen übelgenommen. Der Klassenfeind blieb

verdächtig zahm, nicht nur gegenüber der krankhaften Prunksucht des Clans. Auch alle anderen, viel brutaleren Schattenseiten der rumänischen Diktatur wurden jahrzehntelang nicht kritisiert, geschweige denn bekämpft.
Im März 1975 hatten die streng antikommunistischen Amerikaner als späte Belohnung für die Weigerung Ceauşescus, am Einmarsch der Warschauer-Pakt-Truppen in der ČSSR teilzunehmen, Rumänien die Meistbegünstigungsklausel zugestanden. Trotz hinlänglichen Wissens um die schweren Menschenrechtsverletzungen blieb dieser enorme Handelsvorteil 13 Jahre lang in Kraft. Er wurde nicht einmal von seiten der USA beendet, sondern Ceauşescu legte ihn 1988 freiwillig zurück.[2]
Auch der übrige Westen hatte mit dem Conducator ein dichtes Netz wirtschaftlicher Verpflichtungen geknüpft. Und auch da verband der Anti-Moskau-Kurs die Handelspartner. So lobten naive westliche Kreise im Frühjahr 1989 Rumänien für die Rückzahlung der restlichen zehn Milliarden Auslandsschulden. Daß die 23 Millionen Untertanen des kreditbewußten Herrschers dafür noch mehr hungerten, übersahen viele geflissentlich.[3]
Die Bonner Diplomaten hingegen blieben auch aus Sorge um die deutsche Minderheit in Siebenbürgen und dem Banat mit dem Tyrannen in ständigem Dialog. Millionenbeträge flossen in die Devisenkasse des rumänischen Menschenhändlers, der für jeden Aussiedler 5000 Dollar bekam. Noch 1984, als längst bekannt war, wohin das Land trieb, ehrte Außenminister Hans-Dietrich Genscher den Conducator mit seinem Besuch.[4] Ausgerechnet während einer Gegenvisite des Despoten scheiterte in Bukarest dann der »Coup der Generäle«.

Das letzte Fest

Rumänien, die neben Albanien vorletzte Festung kommunistischer Gewaltherrschaft, hielt stand. Sogar nach der Öffnung der Berliner Mauer am 9. November und nach dem Zerfall der KP-Allmacht in Prag bereitete Ceauşescu unverdrossen seinen 14. Parteitag vor.

In den Straßen der Hauptstadt patrouillierten in jenen späten Novembertagen des Jahres 1989 Soldaten, Milizionäre und Gruppen von herrischen Patriotischen Garden. In Uniformen, ähnlich denen der Armee, überprüften die Angehörigen dieser zivilen Schutztruppe wahllos Passanten.

Die Patriotischen Garden waren 1968, nach der sowjetisch-rumänischen Krise, als zusätzliche Absicherung des Regimes gegründet worden. Vorbild war die jugoslawische Volksarmee von Marschall Tito. Der männliche Teil der Bevölkerung, ob Arbeiter, Lehrer, Ingenieure oder Bauern, war nach Absolvierung der zweijährigen Militärzeit verpflichtet, bei unregelmäßigen Waffenübungen die Totalverteidigung des Landes zu trainieren. In einer komplizierten, für das Regime typischen Art waren die Garden den jeweiligen Parteichefs der Kreise unterstellt. Zugleich wurden sie in einigen Fällen von Armeeangehörigen befehligt. Uniformen und Waffen wurden an den Arbeitsplätzen aufbewahrt, während die Schlüssel der Depots in den Händen wachsamer Securisten verblieben.[5]

Die ständigen Kontrollen der massiv präsenten Sicherheitskräfte trugen dazu bei, daß die verschreckte Bevölkerung in jenen Novembertagen zu Hause blieb. Die breiten Boulevards der Innenstadt, deren schönster Teil in den Jahren zuvor der Spitzhacke zum Opfer gefallen war, waren menschenleer.

Im Südwesten des Unirii-Platzes, einem weitläufigen Areal mit Parkanlagen, erhob sich bereits der halbfertige »Palast der Republik«. Das kitschige Monstrum aus kaltem Stein, das schon drei Milliarden Dollar verschlungen hatte, sollte Ceauşescus neuer Regierungssitz werden. Auf 350000 Quadratmeter Fläche entstanden bereits Säle und Konferenzräume mit dunklen, kostbaren Hölzern, tonnenschweren Kristallüstern und handgeknüpften Teppichen.[6]

Um sich dieses weitere Denkmal seiner Allmacht errichten zu können, hatte der Conducator prachtvolle Klöster und Kirchen sowie andere kostbare Altbauten schleifen lassen. Ohne Skrupel hatte das Regime Tausende von einem Tag auf den anderen in schnell hochgezogene Neubauten zwangsumgesiedelt.

Wie ungeduldig Ceauşescu auf die Fertigstellung seiner neuen Trutzburg wartete, sahen Arbeiter und zwangsverpflichtete Soldaten am 26. Januar 1989: An diesem seinem Geburtstag organisierte Elena Ceauşescu einen Blitzbesuch in dem halbfertigen Bau. Obwohl die Stromkabel noch nicht verlegt waren, mußte das Arbeiterheer das Kabinett des Conducators vollständig einrichten und ausstatten. Als das Geburtstagskind dann am späten Vormittag durch den Rohbau in sein Arbeitszimmer eilte, präsentierte Elena ihrem Ehemann voller Stolz das potemkinsche Zimmer. Der Conducator lächelte hocherfreut. Er ahnte nicht, daß es sein letzter Geburtstag war.

Das triste Bukarester Zentrum war mit Jugendporträts des Conducators und meterlangen Spruchbändern geschmückt: »Lang lebe der Generalsekretär!« stand auf den Transparenten. Mit solchen Lobsprüchen wurden die zum Parteitag anreisenden Vertreter der internationalen

Medien begrüßt, wobei die Kontrollen noch strenger waren als sonst; sogar harmlose Unterlagen wurden konfisziert.
Ein ganzes Stockwerk des Nationalmuseums im Königspalast war zu einer Photogalerie umfunktioniert worden, in der sich der Ceauşescu-Clan in voller selbstgefälliger Größe präsentierte. Wenigstens dort zeigte sich das längst isolierte Herrscherpaar noch lächelnd im Kreise ausländischer Staatsmänner. »Geschenke des Volkes« an den Staats- und Parteichef waren in einem eigens dafür hergerichteten Raum zu bewundern; glänzende Orden in einem anderen.
In dementsprechend düsterer Stimmung begann am 20. November im modernen Tagungspalast, der an den alten Königspalast anschließt, der 14. Parteitag. 3308 Delegierte strömten in beängstigendem Schweigen in den weitläufigen Saal der Republik, wo über den Türen in riesigen Lettern »Lang lebe die Kommunistische Partei Rumäniens unter Führung ihres Generalsekretärs Nicolae Ceauşescu!« stand. In geradezu grotesken Sprüchen feierte die Propaganda den »Titanen unter Titanen«. Protzige Schlagzeilen verkündeten die fünfte »Wiederwahl des meistgeliebten Sohnes unseres Volkes, des Genossen Nicolae Ceauşescu, als Parteiführer«, noch bevor es zur Abstimmung gekommen war.
In seiner fünfstündigen Eröffnungsrede lief Ceauşescu einmal mehr zur Hochform auf. Er kritisierte Ost und West: »Die erste Forderung bei der Schaffung einer gerechten Gesellschaft ist der Ausschluß des Kapitalismus«, erinnerte er. Den Reformern in den osteuropäischen Bruderländern warf er Abweichung »vom Wege des Sozialismus« vor. Abschätzig wischte er die »Probleme in anderen sozialistischen Ländern« vom Tisch. Dieser Parteitag,

prahlte er selbstherrlich, sei ein »epochemachendes Ereignis in der tausendjährigen Geschichte des rumänischen Volkes«, und mit zynischem Stolz wies er darauf hin, daß Rumänien seine gesamten Auslandsschulden zurückgezahlt habe und dem »ausländischen Finanz- und Kapitalmonopol nicht mehr tributpflichtig« sei.
Erneut blendete der Herrscher seine Untertanen mit chauvinistischen Parolen. An die Adresse Moskaus gerichtet, forderte er, »alle mit Hitler-Deutschland geschlossenen Verträge zu annullieren«. Diese eindeutige Anspielung betraf wie immer Bessarabien, das 45 Jahre zuvor dem Sowjetreich einverleibt worden war. Im Kreml läuteten daraufhin endgültig die Alarmglocken. Denn die von Nationalitätenkonflikten erschütterte UdSSR mußte einen neuen Grenzkonflikt mit dem unbequemen Nachbarn fürchten.[7]
In einer spontanen Antwort auf die Belehrungen des hoffärtigen Diktators kritisierte der Leiter der sowjetischen Delegation, das Politbüromitglied Witali Worontikow, wie schon Gorbatschow zuvor, die »Mängel« der rumänischen Wirtschaft.
Aber der Parteitag war für Nicolae Ceauşescu vor allem ein Spektakel, das seine innere Macht konsolidieren sollte. In regelmäßigen Abständen unterbrachen die Delegierten den eintönigen Diskurs ihres Führers mit frenetischem Klatschen. Eifrig wurde »Ceauşescu-Heldentum!« skandiert.
In den Seitengängen des Festsaals standen bullige, finstere Gestalten, die noch aufmerksamer als sonst für den programmgemäßen Ablauf sorgten.
Sohn Nicu Ceauşescu wohnte diesem stalinistischen Spektakel in seiner Funktion als Parteisekretär des Kreises Sibiu bei. Am dritten Tag der Farce trat auch er ans Mi-

krophon und schlug subtil auf das sich wandelnde Moskau ein. Er mahnte die Delegierten, »für die Reinheit des wissenschaftlichen Sozialismus zu kämpfen«.
Der Westen, der sich jahrzehntelang zurückgehalten und geschwiegen hatte, war diesmal nicht mehr vertreten. Außer der Türkei hatte kein Nato-Land Beobachter entsandt. Österreich boykottierte den letzten Stalinisten Europas gleichermaßen.
Als der viertägige Krisenparteitag zu Ende ging, wurde Ceauşescu erneut einstimmig in seiner Allmacht bestätigt. Nicht ein Delegierter hatte gegen den offiziellen Kurs gesprochen, kein Wort der Kritik an der Person des Conducators war laut geworden. Die Partei hatte sich ihm zum fünftenmal für fünf Jahre bedingungslos unterworfen.

Wo ist Iliescu?

Auch Securitate-Chef Vlad hatte dem Krisenparteitag beigewohnt. Er stand der Abordnung des Kreises Argeş vor, aus dem seine mächtige Gönnerin, Elena Ceauşescu, stammte. Vlads Ehrenamt bei dem KP-Treffen sollte nach außen hin die starken Bande zwischen dem Herrscherpaar und ihrem obersten Wächter symbolisieren. Und der Sicherheitschef spielte seine Rolle perfekt. Mit ernstem Gesicht führte er jeden kleinsten Befehl seiner Herrin aus.
Elena, Erste Stellvertretende Ministerpräsidentin, war bereits einige Tage vor dem Parteitag mit der ihr eigenen Ungeduld an ihren Günstling herangetreten und hatte Vlad beauftragt, für einen störungsfreien Ablauf des Parteitags zu sorgen. Sie hatte ihm dabei eine lange Liste von Personen überreicht, die während der kritischen Novembertage entweder verhaftet oder zumindest beobachtet

werden sollten. Unter den Namen fanden sich prominente Regimegegner: so die Dissidentin Doina Cornea, aber auch Iliescu.

Vlad hatte die Order widerspruchslos entgegengenommen. Die Namen einiger weniger Regimegegner, deren Verhaftung oder Beobachtung angeordnet worden war, leitete er an seine Untergebenen weiter. Iliescu jedoch ließ er eine verschlüsselte Nachricht zukommen. Dem Verlagsdirektor wurde ausgerichtet, er solle die Tage vor dem Parteitag nicht in seiner Stadtwohnung in Floreasca verbringen, sondern sich verstecken.

Also übersiedelte der vorgewarnte Iliescu in das Sommerhaus seines Mitverschwörers Roman am Snagovsee. Dort saß der Schützling des obersten Securitate-Chefs die vier Tage des Ceauşescu-Festivals ab.[8]

Es war nicht mehr zu übersehen: Das starre Herrschaftssystem des Diktators wies riesige Sprünge auf. Sogar an der Spitze der Securitate wurde nun der Gehorsam verweigert.

Abgesehen davon hatte Iliescus Zirkel eifrig weitergearbeitet. General Militaru seinerseits war es im Laufe der Monate geglückt, hohe aktive Militärs für das Komplott zu interessieren – ein riskantes Unternehmen, da die Armee aufgrund ihrer vielen gescheiterten Putschversuche besonders überwacht wurde.

Eine eigene Direktion, die Abteilung 4, zuständig für die »militärische Abwehr«, hatte die Militärs fest im Griff. Sie bestand aus bestens ausgebildeten Securisten, die Armeeuniformen trugen, so daß sie für niemanden zu erkennen waren. Aufgrund solch raffinierter Täuschung waren weder Rekruten noch Generäle vor Bespitzelung und Denunziation sicher.

Abgesehen von den strengen Kontrollen zwang der gewiefte Ceauşescu der ohnehin schlechtbezahlten Armee monatelange Arbeitseinsätze auf, die notdürftig mit wirtschaftlicher Notwendigkeit gerechtfertigt werden konnten. Die 180000 Mann starke Nationale Volksarmee war also ständig beschäftigt.
Dabei durfte außer den Grenztruppen ohnehin keine Einheit Waffen tragen. Und auch die Schlüssel zu allen Armeedepots lagen wie die der Patriotischen Garden in Händen regimetreuer Securisten.[9]
Was den Unmut in der Armee schließlich ins Unermeßliche steigerte, waren Sparmaßnahmen ähnlich wie bei der Securitate. Nachdem am Jahresbeginn Lohnerhöhungen und Beförderungen entfallen waren, wuchs die Unzufriedenheit, und auch der Verteidigungsapparat geriet in Bewegung.
Zwar übte Generalstabschef Ştefan Guşe, der wie Vlad beim Parteitag als Delegierter auserkoren worden war, in allen politischen Fragen extreme Zurückhaltung, doch der Erste Vizeverteidigungsminister, General Victor Stănculescu, entwickelte zunehmend ungewohnte Aktivitäten. Er erwies sich in vielem als perfekter Verbündeter.
Dabei war der großgewachsene Stănculescu, der einer angesehenen Offiziersfamilie aus der Stadt Tecuci in Galaţi, einem Kreis im äußersten Osten Rumäniens, entstammte, ein typischer Systembewahrer. Er befolgte in der Regel ergeben alle Befehle des rumänischen Oberkommandierenden Nicolae Ceauşescu. Auf der anderen Seite war er wie viele Mitverschwörer vor allem auf das Überleben seines eigenen Apparates bedacht. Die notwendigen Voraussetzungen für ein geschicktes Taktieren hatte er auf der internationalen Bühne erworben. Stănculescu hatte sich zum Teil im Selbststudium ein sicheres Wissen im Wirt-

schaftsbereich angeeignet. Als Vizeverteidigungsminister für »Rüstung und Versorgung« hatte er nicht nur für deutliche Exportsteigerungen der rumänischen Waffenindustrie gesorgt, sondern Geschäftskontakte von Ost bis West geknüpft, die ihm jetzt nützlich werden konnten.

Trotz der gespannten ungarisch-rumänischen Beziehungen verbrachte der allem Anschein nach immer noch loyale Stănculescu seinen Sommerurlaub zusammen mit dem ungarischen Verteidigungsminister Ferencz Carpati am Plattensee. Offenbar wollte der übervorsichtige General die Haltung von Budapest und Moskau für den »Fall der Fälle« sondieren.[10]

Der direkte Kontakt zum Kreml wurde von allen Umstürzlern tunlichst vermieden. Iliescu hatte zwar drei Jahre am Moskauer Institut für Energetik studiert, wobei er als damaliger Sekretär der rumänischen Auslandsstudenten in engem Kontakt mit sowjetischen Kollegen gestanden hatte. Den jungen Gorbatschow, der zur selben Zeit auf der Lomonossow-Universität studierte, hatte er aber persönlich nie getroffen. Doch der Verlagsdirektor konnte auf seinen Freund und Vordenker Brucan zurückgreifen. Der Altkommunist stand mit den Sowjets auf gutem Fuß. Ex-General Militaru war das zweite Eisen im Feuer, mit dem sich Iliescu abgesichert hatte.[11]

Auch Iliescus Mitverschwörer, der unverdächtige Dozent Măgureanu, verfügte in diesem heiklen Spiel über gute Karten. Sein wahrer Dienstgeber, die Securitate, lockerte die Ausreisebestimmungen für rumänische Wissenschaftler in die Sowjetunion, und »Dozent« Măgureanu besuchte daraufhin mehrmals das Nachbarland, um offiziell an wissenschaftlichen Symposien teilzunehmen.[12]

Vom Sommer 1989 an tauchten in Bukarest wiederum mysteriöse Besucher aus der Sowjetunion auf. Unauffällig kontaktierten sie die Familien entmachteter Parteibonzen, um sie in eingehenden Gesprächen für den Reformkommunismus einzunehmen.[13]

Die »Front zur Rettung der Nation« – der Verschwörerzirkel innerhalb der Securitate – wandte sich nach ihrem Appell vom September nicht mehr an die Öffentlichkeit. Die Delegierten des Parteitages hatten allerdings die Warnung, Ceauşescu abzuwählen, da es sonst »zu einem Blutvergießen« kommen würde, nicht befolgt.

Das Leben ist ein Nervenkrieg

Die lange Menschenschlange vor dem Metzgerladen wartete geduldig. Niemand redete. Daniela Popescu stand ganz hinten in der Reihe. Schon seit einer Stunde bewegte sie sich kaum vom Fleck. Und vor ihr harrten 15 verbitterte Frauen aus, die ebenfalls 200 Gramm Salami ergattern wollten. Drinnen im Laden lag nur noch wenig Wurst, deren blaßrosa Farbe viel über die Qualität aussagte. In Rumänien bezeichnete man eben alles als Salami.

Seit Mitte Oktober 1989 standen jedem Untertan des Conducators pro Monat 200 Gramm sogenannter Qualitätswurst zu. Man konnte diese zugeteilte Menge – zumindest theoretisch – gegen Vorzeigen eines Ausweises kaufen.[14]

Das ganze Versorgungssystem Rumäniens war purer Hohn. Die meisten Grundnahrungsmittel waren praktisch seit 1985 rationiert, trotzdem waren nicht einmal die zugeteilten Waren wie Zucker und Öl in den verstaatlichten Supermärkten und Läden zu bekommen.

In Bukarest gab es lediglich trostlose, verschmutzte Geschäfte, die keine Waren anzubieten hatten. Am Dorobanţilor-Platz, im Norden der Hauptstadt, verkauften Bauern auf einem kleinen überdachten Markt Gemüse aus verstaatlichten landwirtschaftlichen Betrieben. Außer einigen Bündeln Zwiebeln und vertrockneten Salatblättern war aber auch hier nichts zu haben.

Während auf dem November-Parteitag stark frisierte Wirtschaftszahlen und ein neuer Fünfjahresplan von vielen tausend Händen beklatscht wurden, wartete die Bevölkerung vergeblich auf die Einlösung bereits alter Versprechen. Von Jahr zu Jahr hatte sich die Versorgungslage verschlechtert. Sogar die Grundnahrungsmittel fehlten. Importe aus dem Westen waren gestoppt worden, und die gesamte heimische Fleischproduktion ging ins Ausland, denn der Conducator gierte nach Devisen.

In den Geschäften der zentralen Kommandowirtschaft bekam man fast nichts, während auf dem Schwarzmarkt fast alles zu haben war. Die typische Ostblock-Parallel-Ökonomie umspannte die ganze Innenstadt wie ein unsichtbares Netz. An Straßenecken und in versteckten Hauseingängen standen »fliegende Händler« mit einem breiten Sortiment. Lippenstifte und Eier, Nylonstrümpfe und amerikanische Zigaretten, vorzugsweise die Marke Kent – die heimliche Währung in KP-Systemen –, waren dort immer zu finden. Sogar Glühbirnen und Schokolade boten die raffinierten Händler an, ebenso Luxusartikel wie Nagellack und bunte Halstücher. Dafür waren die Preise entsprechend hoch: Ein Liter Öl kostete im Geschäft – so es überhaupt Öl gab – nur achtzehn Lei, im Untergrundhandel je nach Saison dagegen 30 bis 50 Lei. Der Preis von einem Kilo Zucker lag offiziell bei fünf Lei, auf dem Schwarzmarkt bei 20.

Maria Popescu, die Mutter Danielas, brachte zeitweise begehrte Westwaren aus Sondergeschäften mit, wo nur die Nomenklatura einkaufen durfte. In Frau Popescus Büro, dem Vorzimmer des Innenministers, wurden Gefälligkeiten mit kleinen Geschenken, etwa Kaffee oder einer Strumpfhose, abgegolten.

Die treue Kommunistin lauschte am ersten Tag des Parteitags hingebungsvoll der Übertragung der stundenlangen Rede ihres Conducators im Radio. Aber ihre winzige Wohnung in der Birzei-Straße lag während jener trüben Tage fast im Dunkeln, denn in den trostlosen Wintermonaten durften Rumänen nicht mehr als 40-Watt-Birnen verwenden. Darüber hinaus wurde sogar in der kältesten Jahreszeit der Strom, gestaffelt nach Wohnbezirken, stundenweise abgeschaltet. In den dunklen Monaten gab es in den Arbeiterghettos von Bukarest keine Straßenbeleuchtung (von der Schneeräumung ganz zu schweigen). Die Stromrechnung der Familie Popescu machte durchschnittlich ein Fünftel eines Monatsgehalts aus; wurde die zugeteilte Menge an Elektrizität überschritten, dann stieg der Tarif für den Mehrverbrauch ins Unerschwingliche.

Während Maria Popescu die Wiederwahl des »meistgeliebten Sohnes unseres Volkes« unbeirrt und mit Genugtuung begrüßte, wehrte sich Tochter Daniela mit verhaltenem Protest gegen die Propagandashow der unerträglich gewordenen Diktatur. Offen wagte sie Kritik wie die meisten Rumänen nicht auszusprechen, nicht einmal vor ihrer eigenen Mutter.

Nach Ende des offenbar programmmäßig verlaufenen Parteitages, in der Nacht zum 25. November, versammelte das Herrscherpaar eine ausgewählte Gruppe von Securitate-Offizieren der Direktion 5, ihrer persönlichen Leibgarde, um sich. Der Schauplatz des überraschend einberufenen Treffens war die Villa Primavera, der noble Privatsitz der Ceaușescus in Floreasca.

In dem großflächigen Neubau lebte das Herrscherpaar umgeben von neureichem Prunk, aber auch handgeschnitzten antiken Möbeln, kostbaren alten Gemälden und Büchern. In den zahlreichen Badezimmern glänzten goldene Wasserhähne. Swimmingpool und Billardtisch waren ebenso selbstverständlich vorhanden wie mehrere Gästezimmer. Die weiße Villa lag in einem gepflegten, von einer hohen Mauer geschützten Park.

Während in der Innenstadt noch unzählige Securisten den Abbau der Festdekorationen und die Heimkehr von Delegierten und Journalisten überwachten, stand die Führung des Sicherheitsdienstes in der Herrschaftsvilla zum erstenmal offen unter Anklage. Treu ergebene Regimegardisten hatten den Ceaușescus die bedrohliche Nachricht zugespielt, daß der ausdrückliche Befehl zur Verhaftung der Opposition nicht vollständig ausgeführt worden war.

Mit kreischender Stimme beauftragte die aufgebrachte Elena die Männer der Direktion 5, die Verräter zu finden. Auch jene, die geschützt worden waren, solle man aufspüren. Nach einem ausgiebigen Tobsuchtsanfall schmeichelte die First Lady dem versammelten Kreis dann aber doch wieder: Sie wolle nur mehr ihrer engsten Leibgarde vertrauen.

Sechs Tage später, am 1. Dezember, folgte bei der Sitzung des Politischen Exekutivkomitees ein weiteres Nachspiel. Nach der üblichen Verlesung der Tagesordnung funktionierte der Diktator das Routinetreffen in ein Tribunal um. In einem Rundumschlag beschuldigte der neubestätigte Staats- und Parteichef seine engste Machtclique und verlangte, daß »Kritik und Autokritik« gefördert, die »Rolle der Großen Volksversammlung verbessert« und ein »Sonderprogramm für die Modernisierung der Lebensmittelindustrie« in Angriff genommen werde.

Sogar die obersten Machtorgane wollte er plötzlich umbauen: Das Zentralkomitee, so Ceauşescu, sei »faul« und müsse »neu organisiert werden«. In Zukunft, warnte der unerbittliche Herrscher, müsse das System besser funktionieren. »Personen, die unfähig seien«, müßten ausgewechselt werden.[15]

Zehn Tage später bunkerte sich Ceauşescu weiter ein. Er war von einem spannungsgeladenen Treffen des Warschauer Paktes aus Moskau zurückgekehrt, wo es zu den bisher stärksten Meinungsverschiedenheiten mit den Reformern gekommen war. Ceauşescu hatte darauf bestanden, daß der Osten seinen bisherigen Kurs fortsetzen müsse. Der Kreml wiederum hatte dem Conducator deutlicher denn je signalisiert, daß nun Änderungen auf der Tagesordnung stünden.

Nach seiner Rückkehr nach Bukarest trat Ceauşescu deshalb besonders vehement auf. Er befahl, die Grenztruppen dem Innenministerium zu unterstellen, was wie ein Mißtrauensvotum gegenüber dem Sicherheitsapparat wirken mußte. Denn diese rund 17000 Mann starken Grenzeinheiten galten als extrem loyal. Sie waren ständig bewaffnet, unterstanden einer strengeren Disziplin und wurden von einem treuen Ceauşescu-Anhänger, General Petre Tiaca, kommandiert. Außerdem bescherte die Versetzung den Grenztruppen automatisch eine höhere Gehaltsgruppe. Damit hatte sie der Herrscher noch fester an sich gebunden.

Nach diesem Großreinemachen schien der Einsiedler der Macht wieder beruhigt.[16]

Timişoara!

Wer warnte Tökes?

»Geht nach Hause!« versuchte Laszlo Tökes zu beruhigen. Er beugte sich aus einem Fenster seines Backsteinhauses und rief hinaus in die Dunkelheit. Die Gestalten auf der gegenüberliegenden Seite der Cipariu-Straße nickten folgsam, rührten sich jedoch nicht vom Fleck. Auf der Kreuzung mit dem Boulevard 6. März wachte entlang der Seitenfassade des versteckten Gotteshauses schon eine viel größere Menschenmenge. Auch sie reagierte nicht auf die Beschwörungen des Pastors. Auf dem Marienplatz, einige hundert Meter weiter nördlich, wurde unbeirrt weiter demonstriert. Tökes schloß lächelnd das Fenster.

Es war Samstag, der 16. Dezember, nur drei Wochen nach Ende des spannungsgeladenen Parteikongresses. Der zweite Tag des Protestes von Timişoara war schon voll im Gange, als sich der 37jährige Pastor gegen acht Uhr abends auf Befehl der Securisten, die ihn und seine Familie seit dem Vortag überwachten, als »Ruhestifter« betätigen mußte. Aber er scheiterte gern.

Tökes war ein unbequemer Pastor. Knapp ein Jahr zuvor war ihm schon wegen seiner aufrührerischen Predigten der Reisepaß abgenommen worden. Einige Monate zuvor

hatte ihn der regimetreue Bischof Laszlo Papp vom Kirchendienst suspendiert.
Wegen seiner Gegnerschaft zur kommunistischen Diktatur wurde Tökes offen als politischer Held verehrt; dennoch führte er seinen Kampf vornehmlich für Gott. Seit 1948, seit der Gründung der Volksrepublik, war freie Religionsausübung in Rumänien verboten. Das zweite, ebenso wichtige Anliegen des Pastors war die Verteidigung der Rechte seiner Landsleute, der 1,8 Millionen Rumänen ungarischer Herkunft.
Vor allem diese Minderheit hatte angesichts der Veränderungen in Osteuropa mit einer nie dagewesenen Flüchtlingswelle ihre Unzufriedenheit signalisiert. Tausende Ungarn strömten Tag für Tag ins Nachbarland. Tökes selbst hatte sich immer geweigert, Rumänien zu verlassen. Aber wenige im Land wagten es, so offen gegen das Regime vorzugehen wie er. Insofern war der rebellische Pastor ein idealer »Verbündeter« für einen Umsturz.
Schon in den ersten Dezembertagen war Tökes plötzlich informiert worden, daß ihm eine Versetzung in ein entlegenes Dorf drohe. Es war eine extrem ungewöhnliche Warnung, denn in der Regel bereitete das Regime seine Repressionsmaßnahmen unter strengster Geheimhaltung vor. Die Nachricht war dem Pastor noch dazu auf mehreren Wegen zugekommen. Wie vorauszusehen, hatte der unbeugsame Prediger von der Kanzel seines gutbesuchten Tempels der Reformierten Kirche herab die Gläubigen zur Wachsamkeit aufgerufen.
Auch durfte er entgegen der bisherigen Politik der Securitate im staatlichen ungarischen Fernsehen die wachsende Unmenschlichkeit des Regimes beklagen. Sogar eine Abordnung besorgter amerikanischer und britischer Diplomaten durfte ihn in Timişoara besuchen, wobei die Aus-

länder ohne Probleme in das einfache Haus des Provinzhelden gelangten.[1]
Angesichts der seit Wochen wachsenden Spannungen zwischen Ungarn und Rumänien und der Bekanntheit von Tökes war bald auch die Bevölkerung der Stadt alarmiert. Am 15. Dezember, gegen sechs Uhr abends, war zuerst einmal eine Handvoll Anhänger vor dem Tempel zusammengekommen, um den Pastor vor dem Zugriff der Staatsorgane zu schützen.
Die rund hundert Wächter waren vorwiegend alte Ungarn, die brennende Kerzen in ihren runzeligen Händen hielten und »Erös car a mi istenünk!« (»Das Gotteshaus ist die größte Macht«) sangen. Erst spät in der Nacht trieb sie der alarmiert herbeigeeilte Bürgermeister von Timişoara mit einem flammenden Appell auseinander. Folgsam gingen die Menschen nach Hause.
Erst am Nachmittag des 16. waren die heimgeschickten Bewacher zurückgekehrt. Eine Gruppe stellte sich wieder vor das Backsteinhaus, in dem Tökes und seine Familie von Securitate-Beamten überwacht wurden. Auf dem Marienplatz versammelte sich neuerlich eine Menschenmenge. Wieder hielten die Demonstranten brennende Kerzen in ihren Händen und sangen religiöse Lieder. Gegen halb sieben Uhr fuhr die Staatsgewalt auf. Hunderte martialische Gestalten, ausgestattet mit weißen Helmen und Schilden, beobachteten vorerst aus der Entfernung den harmlosen Protest.
Es waren immerhin die gefürchteten Sondertruppen, die FOI-Einheiten (FOI = »Forţele de Ordine şi Intervenţie«), die von Ceauşescu 1987, nach den schweren Arbeiterunruhen in der Industriestadt Braşov, dem ehemaligen Kronstadt, gegründet worden waren. Sie setzten sich – in der üblichen verwirrenden Struktur des Regimes – zum

Teil aus Milizionären, zum Teil aus Angehörigen der bestens ausgebildeten Kommandotruppen der Securitate zusammen.

Die Truppen des Sicherheitsdienstes, insgesamt 34 Bataillone, die im ganzen Land stationiert waren, ließen sich allgemein schwer identifizieren. Sie trugen dieselben khakifarbenen Uniformen wie die Armee, nur ihre Kragenspiegel waren blau. Abgesehen von den so camouflierten Truppen gab es vier unabhängige Einheiten, deren Stützpunkte in den Städten Ploeşti, Buzău, Bistriţa und bei Slatina lagen und die unter noch größerer Geheimhaltung agierten.

Die Polizei im herkömmlichen Sinn, die Miliz, war zusätzlich für die innere Sicherheit zuständig. Sie unterstand wiederum dem Generalinspektorat der Miliz, einem eigenen Sicherheitssystem.

Der sanfte Appell des Pastors, nach Hause zu gehen, wurde von den Demonstranten erwartungsgemäß nicht befolgt. Im Gegenteil. Die Menge vor dem Tempel und auf dem Marienplatz wurde an diesem ungewöhnlich milden Dezembertag dichter. Ärmlich gekleidete Männer, die sich auf dem Heimweg von der Arbeit befanden, schlossen sich dem stillen Protest an. Ausgelassene Zigeunerkinder folgten. In den Fenstern der Bürgerhäuser, die im Laufe der Diktatur verkommen waren wie die ganze Stadt, brannten bald Kerzen.

Die aufgefahrenen Sicherheitskräfte ließen die Demonstranten zunächst gewähren. Mehrere Stunden lang standen mutige Bürger und die Sondertruppen des Tyrannen einander gegenüber, bevor um Mitternacht der Einsatz begann.

Zuerst peitschten Feuerwehrwagen, die seit dem Braşover Aufstand ebenfalls dem Innenministerium unterstellt waren, harte Strahlen in vereinzelte Gruppen von Demonstranten. Dem Wasser war Tränengas beigemischt. Dann wurden Knüppel geschwungen. Wild um sich schlagende Milizionäre und Securisten trieben die Demonstranten vorübergehend auseinander.

Doch der Widerstand formierte sich neu. Auch die Serben und Rumänen der Stadt der Minderheiten zog es auf die Straße, wobei ihr Protest äußerst zurückhaltend war: Erst nach langem Zögern ertönten Rufe gegen das Regime.

In dieser ersten vorsichtigen Demonstration befand sich auch der Arbeiter Sorin Oprea. Drei Wochen zuvor hatte der 27jährige Elektriker nach handfesten Drohungen seines Direktors einen politischen Hungerstreik abgebrochen: Er hatte menschenwürdige Arbeitsbedingungen, neue Schweißgeräte für den Betrieb und eine bessere Verpflegung verlangt. Doch jetzt wollte er auch die Freiheit.

In Jeans und Tennisschuhen führte Oprea den Demonstrationszug vom Marienplatz zum Universitäts-Campus, einige hundert Meter weiter im Osten der Stadt. Dort war der Strom wegen des beginnenden Aufruhrs vorsorglich abgeschaltet worden. Da die Studenten sich versteckt hielten, zogen Oprea und seine Mannen weiter.

Im Arbeiterviertel Giroc, weiter im Süden der Stadt, zündete dann der Funke. Gruppen von Arbeitern folgten dem Elektriker wie einem Rattenfänger zurück auf den Opernplatz. Aber dort wurde der gespenstische Zug vorläufig gestoppt.

Auf beiden Seiten des Bega-Kanals hatten Sondereinheiten Stellung bezogen. Die Grenztruppen der Armee, die erst am 11. Dezember dem Innenministerium unterstellt worden waren, hatte man als Verstärkung herbeigerufen. Sie bildeten auf den Brücken einen mehrfachen Kordon und versperrten damit der Demonstration den Rückweg zum Marienplatz. Auf der anderen Seite des Kanals wurde die 300 Personen starke Versammlung von Ceaușescus Sicherheitskräften eingekesselt.

Trotzdem machten die rebellierenden Arbeiter auf dem Opernplatz weiter. Oprea und seine Gefolgschaft schleuderten den Uniformierten Protestrufe ins Gesicht. Zu kräftigerem Widerstand fehlte ihnen der Mut. Wieder war es der Apparat, der aus dem Hintergrund zu agieren begann.

Vor dem Kreisparteiamt, einen Kilometer weiter im Norden, traten plötzlich »furchtlose« Demonstranten auf und zertrümmerten die Fenster des verhaßten Parteihauses. Auch vor dem Bürgermeisteramt kam es zu einer ähnlichen Szene, bei der Männer, die wie typische Mitglieder der Securitate aussahen, zuschlugen.[2]

Gegen drei Uhr früh änderte das Regime seine Taktik. Die Grenztruppen stürzten sich zuerst auf die Menschenmenge auf dem Opernplatz und prügelten erbarmungslos auf sie ein. Dann kamen auch die Sondertruppen zum Einsatz. Nachdem sie die Zigeunerkinder, die sich dem Zug der Erwachsenen achtlos angeschlossen hatten, blutig geschlagen hatten, jagten sie mit ihren harten Knüppeln die Arbeiter durch die Seitenstraßen. Die Feuerwehrwagen unterstützten sie mit kalten Wasserstrahlen.

Wie auf dem Opernplatz wurden auch die Proteste vor dem Kreisparteiamt, auf dem Marienplatz und vor dem Amtshaus des Bürgermeisters brutal niedergeschlagen. An allen Schauplätzen des Einsatzes blieben Verletzte zurück. Der Sitz der Miliz in der Lipovei-Straße, in der Innenstadt, füllte sich mit Hunderten von Verhafteten.

Während ein Teil der festgenommenen Demonstranten aussortiert wurde und bald wieder freikam, wurde der Rest ins berüchtigte Securitate-Gefängnis in der Saguliu-Straße überstellt. Gegen vier Uhr morgens war der Protest »aufgelöst«. Das Doppelspiel des Apparates erwies sich als voller Erfolg. Während die einen die Unruhen provozierten, schlugen die anderen mit der üblichen Härte zu.
Ein ähnliches Muster wurde auch gegenüber Tökes angewandt: Als die Sonder- und Grenztruppen in den Straßen zu prügeln begannen, traten die Securisten im Hause Tökes in Aktion. Die dreiköpfige Familie des Pastors hatte sich im Tempel, im ersten Stock des Hauses, verbarrikadiert und schlafen gelegt. Mitten in der Nacht brachen die Männer die Tür zum Tempel auf und schlugen auf Tökes ein, bevor sie ihn, seine Frau und den kleinen Sohn aus dem Haus verschleppten. Nach einer stundenlangen Autofahrt wurde das Dorf Mineu – zu deutsch »das Versteck« – erreicht. Die Tökes wurden in ein winziges Holzhaus verwiesen.

Offenbar völlig unabhängig von Timişoara war es am Vortag auch im nordrumänischen Iaşi zu einer Anti-Ceauşescu-Demonstration gekommen. Und auch dort hatte die Securitate den Protest entfacht, wobei ausgerechnet in diesen beiden Städten Verlagsdirektor Iliescu Jahre zuvor als hoher Parteifunktionär gedient hatte. Nur: In der einstigen Fürstenstadt an der sowjetischen Grenze hielt sich der Aufstand nicht länger als eine Nacht.[3]

Am 17. Dezember 1989 ließ der alarmierte Diktator gegen 16 Uhr eine Sondersitzung des Politischen Exekutivkomitees einberufen. Er war inzwischen extrem nervös. Nach der ersten unbedeutenden Versammlung vor dem Hause des Pastors hatte er bereits alle Einheiten des Innenministeriums in Alarmbereitschaft versetzen lassen. Die Nacht über war er mit seinen ratlosen Ministern in Kontakt geblieben. Sogar als Timişoara sich wieder beruhigt hatte, verlangte Ceauşescu von Vlad stündliche Lageberichte. Obwohl der Sicherheitschef kein Mitglied des Politischen Exekutivkomitees war, hatte auch er an der Sondersitzung teilzunehmen.

Ceauşescu eröffnete das Krisentreffen mit einer Anklage gegen den unbeugsamen Pastor aus Timişoara: »Er hat die Ausschreitungen vor dem Parteiamt organisiert!« belehrte der Conducator die versammelte Machtelite.

Auch von der Gefahr einer Weltverschwörung wollte er den Kreis überzeugen: »Wir wissen schon«, warnte Nicolae Ceauşescu mit gefährlich leiser Stimme, »daß Ost und West alles ändern wollen.«

Als niemand ihm zustimmte, nahm sich Ceauşescu Verteidigungsminister Vasile Milea vor: »Was haben deine Offiziere gemacht, Milea? Warum haben sie nicht geschossen? Auf die Beine hätten sie zielen sollen!« Der Minister antwortete wahrheitsgemäß: »Ich habe keine Munition verteilen lassen.«

Milea bekleidete das Amt des Verteidigungsministers seit genau vier Jahren. Ceauşescu hatte den vormaligen Generalstabschef im Dezember 1985 mit einer unerwarteten Beförderung überrascht, nachdem er General Constantin Olteanu geschaßt hatte. Er war in Mißkredit geraten, weil er am Rande einer Tagung der Warschauer-Pakt-Staaten in Moskau mit Generalsekretär Gorbatschow zusammengetroffen war. Als der Conducator von dem außerplanmäßigen Gespräch erfuhr, entließ er Olteanu auf der Stelle. Der unvorbereitete Nachfolger mußte noch am selben Tag das jährliche Bilanztreffen der Armee eröffnen. Und seither hatte er regelmäßig als Sündenbock herzuhalten.[4]

Auch bei dieser Sondersitzung im Dezember schoß sich der Staats- und Parteichef ausgiebig auf ihn ein: »Milea, wenn deine Soldaten keine Munition haben sollen, dann sollen sie lieber daheim bleiben. Was für ein Verteidigungsminister bist du denn eigentlich?«

Ceauşescus nächstes Opfer war Innenminister Tudor Postelnicu: »Hast du nicht gesagt, daß Munition verteilt worden ist? Hast du nicht behauptet, daß der Kampfauftrag erteilt wurde? Ihr alle habt nicht die Wahrheit gesagt. Ihr habt mich falsch informiert!«

Elena Ceauşescu, ebenfalls beunruhigt, meldete sich zu Wort: »Die Situation ist schwierig und äußerst unangenehm!« Sie wurde schnell von ihrem Mann korrigiert: »Die Situation ist schwierig, und ihr seid schuld daran!«

Schließlich war der unantastbare Securitate-Chef an der Reihe. Ceauşescu hatte offenbar nicht vergessen, daß Vlad drei Wochen zuvor seinen präzisen Befehl nicht befolgt und vor dem Parteitag die Opposition nicht unter Kontrolle gebracht hatte. In Ceauşescus Stimme schwang nun deutliches Mißtrauen mit.

»Du hast behauptet«, beschuldigte er seinen wichtigsten Wächter, »deine Securitate habe Munition. Aber deine Einheiten waren nicht bewaffnet!« Der Diktator beherrschte sich nur mit großer Mühe.

»Sie hatten Tränengas und Gummiknüppel«, beruhigte ihn der Sicherheitschef unbeeindruckt. Als Ceauşescu wissen wollte, warum seine Einheiten keine Waffen gehabt hätten, erklärte Vlad kühl, daß er es nicht für notwendig befunden habe.
Da explodierte der Staats- und Parteichef: »Wir haben die ganze Nacht die Lage besprochen. Jetzt reicht es! Postelnicu, Milea und du, der Securitate-Chef, ihr seid entlassen. Ich übernehme selbst das Kommando. Man soll sofort das entsprechende Dekret vorbereiten. Der Staatsrat muß zusammentreten. Ich traue euch allen nicht mehr!«
Wie von Sinnen bedrohte Ceauşescu die Spitze seiner Machtelite: »Man sollte euch alle exekutieren!«
Proteste in Timişoara, erklärte der Herrscher – wohl auch mehr zur eigenen Beruhigung –, könnten schließlich mit wenigen Warnschüssen aufgelöst werden: »Wenn man geschossen hätte, dann wären alle wie Vögel weggeflogen. Ich habe doch befohlen, zuerst in die Luft und dann auf die Füße zu schießen. Es genügt, sie zu erschrecken und sie einzusperren.«
Vlad brachte schließlich einen vordergründigen Frieden zustande, indem er den doppeldeutigen Satz sprach: »Ich versichere Ihnen, jetzt werde ich alles tun, um Ihre Achtung zu verdienen.«
Auch Milea und Postelnicu schmeichelten dem Conducator mit einem Treuebekenntnis. Der Diktator ließ sich durch die vielfältigen Unterwerfungsgesten besänftigen und nahm die Absetzung der drei Männer wieder zurück. Zugleich bestand er aber weiter darauf, daß alle Einheiten – Miliz, Securitate-Truppen und Armee – seinem Oberbefehl unterstellt werden sollten. Nur Verteidigungsminister Milea solle ihn in dieser schweren Aufgabe unterstützen.

Der Innenminister und der Sicherheitschef waren damit praktisch entmachtet.[5]
Am folgenden Morgen startete Ceauşescu zu einem zweitägigen Staatsbesuch in die Islamische Republik Iran. Vlad begleitete seinen Herrn zum internationalen Flughafen Otopeni im Norden der Stadt.
Eine Regierungsmaschine stand bereit. Es war eine Boeing 707, die auf Anordnung Ceauşescus von der Lufthansa mit bunten Vorhängen und mächtigen Fauteuils ausgestattet worden war.
Für die Zeit seiner Abwesenheit übertrug der Staats- und Parteichef routinemäßig seiner Frau sämtliche Amtsgeschäfte. Vlad, der Elena-Günstling, verabschiedete den Tyrannen lächelnd und mit dem üblichen Zeremoniell. Nach dieser Pflichtübung fuhr er zurück in die Stadt zu wichtigeren Geschäften.

»Bewacht die Verwundeten!«

Trotz zahlreicher Verhaftungen in der Nacht davor war die Bevölkerung von Timişoara am Sonntag, dem 17. Dezember, um die Mittagszeit wieder auf die Straße gegangen. Diesmal protestierte sie nicht mehr vor dem Haus des verschleppten Pastors, sondern marschierte gezielt zum Kreisparteiamt in der Straße des 23. August sowie auf den Opernplatz und vor das Milizgefängnis, wo eine Menge lauthals die Freilassung aller Inhaftierten forderte. Der Protest hatte sich verstärkt. Neue Unzufriedene waren dazugekommen.
Da war Tudorin Burlach, ein Hilfsarbeiter aus dem staatlichen Gasheizwerk, der sich dieser Gruppe anschloß. Er war ein typischer Verlierer des Systems. Sein magerer

Lohn betrug nicht einmal 1500 Lei, umgerechnet 30 Dollar. Das war zuviel zum Sterben und viel zuwenig zum Leben. Als Arbeitsloser hingegen, obwohl es inoffiziell genug davon gab, riskierte er, vom Regime zum gemeinen Kriminellen gestempelt zu werden. Wie Tausende Rumänen besserte der schlecht ausgebildete Proletarier sein beschämend niedriges Einkommen mit Schwarzmarktgeschäften auf.

An der Demonstration auf dem Opernplatz am späten Vormittag nahm auch der 28jährige Corneliu Vaida, ein Ingenieur aus der Firma »Autoturisme«, wieder teil. Er war am Vortag unter den Verhafteten gewesen, aber wieder freigekommen.

Gründe, gegen die Diktatur zu protestieren, hatte er zur Genüge. Jahrelang war er von der Securitate zu einer Mitarbeit gedrängt worden, da schon der Vater als bezahlter Informant des Sicherheitsdienstes gearbeitet hatte. Der störrische Corneliu wollte nicht mitmachen und wurde sogar für diesen so unbedeutenden Widerstand permanent bestraft. In seiner Firma bekam er die niedrigsten Arbeiten zugewiesen. Eine ohnehin zu enge Wohnung wurde ihm wieder weggenommen, obwohl er seine patriotische »Pflicht«, für Nachwuchs zu sorgen, erfüllt hatte. Vaida war verheiratet und hatte einen kleinen Sohn.[6]

An der Spitze der Demonstration auf dem Opernplatz stand erneut der aufrührerische Sorin Oprea, der in der Nacht zuvor den Sicherheitskräften durch einen glücklichen Zufall entwischt war. Gegen zwei Uhr morgens, als die erste Verhaftungswelle einsetzte, hatte er den Schauplatz des Geschehens verlassen, um in der Fabrik, in der er arbeitete, die Stechuhr zu betrügen. Jetzt verführte er wie ein hitziger Feldherr die Menge zu heftigem Anti-

Ceauşescu-Protest. »Nieder mit dem Diktator!« war sein erster Ruf. »Libertate!« sein zweiter.
Die Sicherheitskräfte verhielten sich den ganzen Nachmittag über ruhig. Nicht einmal auf dem Opernplatz und vor dem Kreisparteiamt, wo wieder Stasi-Beamte den Protest anstachelten und Demonstranten die Reifen der Feuerwehrwagen in Brand setzten, griffen sie ein. Der Apparat ließ alle gewähren.
Als dann am späteren Nachmittag mehrere Militärhubschrauber des Typs MI 8 das Stadtzentrum überflogen, wurden sie von übermütigen Demonstranten mit Gebrüll und spitzen Pfiffen begrüßt. Doch nun gingen die weißbehelmten Sondertruppen, die sich in einiger Entfernung gehalten hatten, in Stellung. Sie riegelten die Zufahrtsstraßen zu den Schauplätzen der Proteste systematisch ab. Dann tauchten verschiedene Einheiten der Armee, von Grenztruppen bis zu Fallschirmjägern, auf.
Panzer des Typs T 54, die seit Stunden in den Seitenstraßen standen, rollten unter heftigsten Buhrufen näher an die aufgebrachte Menge heran. Mehrere Militärfahrzeuge stellten sich quer auf die Brücke, die Opern- und Marienplatz miteinander verbindet. Nach einigen langwierigen, komplizierten Manövern in der Straße des 23. August kesselten Panzer auch die Demonstranten vor dem Kreisparteiamt ein. Vor dem Haus der allmächtigen KP setzten daraufhin junge, radikale Regimegegner die Reifen der Feuerwehrwagen in Brand. Bald stiegen auch von den übrigen Schauplätzen des Protestes schwarze Rauchwolken zum Himmel.

Schon in der ersten Stunde der Revolte hatte Ceauşescu die Führung seines operativen Unterdrückungsapparates nach Timişoara befohlen. Der mächtige General Constan-

tin Nuţă war als allererster mit einem Sonderzug in die unruhige Stadt gekommen.[7]
Nuţă galt als extrem treuer Gewährsmann des Conducators. Er bekleidete gleich zwei hohe Funktionen. Er war Chef des Generalinspektorats der Miliz und stellvertretender Innenminister. 1984 war er mit dem Orden »Apărarea Patriei«, einer der höchsten Auszeichnungen des Regimes, dekoriert worden. In Timişoara ließ er seine Einheiten, die Milizionäre, bereits am Morgen des 17. Dezember bewaffnen.
Zum Chef der Operation hatte Ceauşescu den Armeegeneral Ion Coman ernannt, den ebenso verläßlichen wie mächtigen Sekretär des ZK. Ihm hatte er alle Einheiten – Militär, Securitate und Miliz – unterstellen lassen.[8]
In Begleitung mehrerer Generäle war der Einsatzleiter einige Stunden vor Beginn der Krisensitzung in Bukarest nach Timişoara geflogen. An Bord von Comans Sondermaschine befanden sich auch Generalstabschef Guşe, General Mihai Chiţac, der für »Giftgaseinsätze« in der Armee zuständig war, sowie Stănculescu, der Erste Vize-Verteidigungsminister.
Für die Securitate kam offiziell nur General Emil Macri, Chef der Direktion 2, der Abteilung für Wirtschaftsspionage, mit. Macri sollte verhindern, daß die Unruhen auf die Belegschaften der in Timişoara ansässigen Betriebe der Leichtindustrie übergriffen.
Vom Sitz der Miliz in der Strada Salagal aus befehligte Coman entschlossen die hohen Militärs. Bei einer ersten Krisensitzung wurde auf einer Straßenkarte die Stadt in einzelne Zonen eingeteilt. Dann wurden kleine operative Einheiten in Zivil als Kundschafter ausgesandt, aber die Lage entglitt zunehmend der Kontrolle.
Die Späher überbrachten dem Einsatzleiter alarmierende

Berichte: An unzähligen Stellen im Stadtgebiet werde protestiert; eine Gruppe radikaler Demonstranten habe sich vor einem Waffendepot im Westen von Timişoara formiert. Kurz vor 17 Uhr traf dann aus Bukarest der Schießbefehl ein, den der Ceauşescu-treue General Petre Tiaca, der Chef der Grenztruppen, sofort an seine Männer weitergab.[9]
Auf dem Opernplatz feuerten seine Einheiten ohne Vorwarnung in die Menge. Der erste Schuß überraschte die Demonstranten, die sich schon in falscher Sicherheit gewähnt hatten. Ein freundlicher Rekrut hatte dem Einpeitscher der Massen, Oprea, noch kurz vor Beginn des Angriffs gestanden, daß er keine Munition habe. Aber nur einige Minuten nach diesem Gespräch fiel neben dem Elektriker ein Mann getroffen zu Boden. Oprea flüchtete panikartig in einen Hauseingang. Hunderte Demonstranten warfen sich zu Boden, während über ihre Köpfe hinweg eine Salve nach der anderen abgefeuert wurde. Ingenieur Vaida zerrte eine kreischende Frau, die am Bein verletzt war, aus der Schußlinie. Die 13jährige Luminiţia Botoc, die in vorderster Linie demonstriert hatte, wurde tödlich getroffen. Ein Arbeiter mit Namen Petru Hategan und der Leiter des ungarischen Chores von Timişoara, Ladislav Czermak, wurden schwer verletzt und von einigen Demonstranten vom Opernplatz in die nahe gelegene Klinik 2 getragen. Sie starben beide eine Stunde später.
Vor dem Polizeigefängnis in der Saguliu-Straße gaben die Armee-Einheiten einige wenige Warnschüsse in die Luft ab, dann feuerten sie ebenfalls in die Menge. Der 25jährige Dan Jubea, ein Freund des Hilfsarbeiters Tudorin Burlach, wurde von einer der ersten Kugeln getroffen. Er war auf der Stelle tot. Vor dem Kreisparteiamt hatte ein

bemühter Armeeoffizier die Menge zuerst gewarnt, aber die zornigen Demonstranten wollten weder diskutieren noch weichen. Minuten später wurde auch auf sie gefeuert.

Nach den heftigen Schießereien, die rund eine Stunde anhielten, löste sich die protestierende Menge in kleine Gruppen auf. Vom Opernplatz zogen sich die Demonstranten in Seitenstraßen zurück. Dort demonstrierten sie weiter. In jeder Schußpause schrien sie nach Freiheit. Die Sicherheitskräfte waren ihnen bald auf den Fersen. Sie jagten ihre ungleichen Gegner durch die engen Gassen. Wenn sie einen Demonstranten faßten, prügelten sie ihn blutig, wobei unzählige Securisten in Zivil besonders brutal vorgingen.

Auf dem Parkplatz vor dem Hotel Timişoara stellte sich eine Gruppe von furchtlosen Jugendlichen einer Armee-Einheit entgegen. Die Soldaten sperrten mit dichten Reihen eine Zufahrtsstraße ab, während in ihren Rücken ein Panzer wachte. Unbehindert beschimpften die Demonstranten die Staatshüter fast eine Stunde lang. »Nieder mit der Diktatur!« und »Es lebe die Freiheit!«

Sogar als ein junges Mädchen mit erhobenen Armen auf die Uniformierten zuging, blickten die Soldaten starr in die Nacht. Doch plötzlich riß ein Securist in Zivil einem Rekruten die Maschinenpistole aus der Hand, legte an und schoß. Einer in der Gruppe fiel getroffen zu Boden, noch bevor das Mädchen zurück zu ihren Freunden laufen konnte.

Doch der Protest hielt an und kehrte in Wellen zurück. Kaum hatten die Truppen ihre Gegner verjagt, wuchs neuer Widerstand heran. Das makabre Spiel dauerte die halbe Nacht, zwischendurch wurde immer wieder geschossen.

Gegen zwei Uhr trieb es auch Vaida noch einmal ins Zentrum. Die heftige Reaktion des Regimes hatte ihn so wütend gemacht, daß er zunächst versuchte, die Armee mit Steinen zu verjagen. Nach dieser wirkungslosen Verteidigung hatte er in mehreren Garagen nach Benzin und Flaschen gesucht, um Molotowcocktails zu basteln. Er hatte aber nur einen alten Farbtopf gefunden, mit dem er in die Innenstadt zurückkehrte, die von verkohlten Autowracks übersät war. Auf einigen Häuserfassaden erinnerten Blutflecken an den niedergeschlagenen Protest. Just hinter diese schon halb eingetrockneten roten Spuren schrieb der Ingenieur mit kräftigen Pinselstrichen den Kampfruf der Revolte: »Jos dictatura!« (»Nieder mit der Diktatur!«)

Am Morgen danach begann sich die Bevölkerung um die Opfer der Repression zu sorgen. Im Hof der Klinik 2 von Timişoara versammelten sich Gruppen von betenden und weinenden Frauen. Mit flehenden Worten wandten sie sich an die Ärzte der Klinik, die die ganze Nacht im Einsatz gewesen waren. Man solle die Verwundeten bewachen, baten die Trauernden inständig.
Am Einfahrtstor des zentral gelegenen Krankenhauses kontrollierten mißtrauische Jugendliche die Ausweise aller Besucher. Sogar Verwandte und Freunde von Verletzten durften erst in den Hof, wenn feststand, daß sie keine Securisten waren. Die Bevölkerung argwöhnte, daß der Sicherheitsdienst Verletzte verhaften und Tote verschwinden lassen könnte, denn die »Nachbearbeitung« politischer Unruhen gehörte zum Stil der Diktatur. So waren zum Beispiel nach dem Arbeiteraufstand in Braşov die Anführer der Revolte verschwunden, ohne daß man jemals wieder von ihnen erfuhr.

In der vorhergehenden Nacht, während draußen noch die letzten Demonstranten gejagt wurden, hatte zudem ein Milizinspektor mit Namen Georgescu der Klinik 2 einen Besuch abgestattet und eine Liste aller Verletzten verlangt. Er hatte sie nicht bekommen. Der Leiter der Abteilung für Chirurgie, Professor Petre Rădulescu, und Dr. Victor Babuşceac teilten dem Spitzel mit, sie hätten noch nicht die Zeit gefunden, alle Namen aufzunehmen. Überdies hatte der Anästhesist der Abteilung, Dr. Ferenczy Baranyi, lange vor dem Besuch des neugierigen Inspektors allen eingelieferten Opfern eine winzige Dosis Morphium gespritzt. Georgescu konnte die fest schlafenden Patienten nicht einmal verhören und zog wütend wieder ab.

Das Gerücht von der Visite des Inspektors hatte sich unter der aufgewühlten Bevölkerung in Windeseile herumgesprochen. Die besorgten Frauen waren daraufhin schon in aller Frühe zur Klinik gekommen, um die Opfer vor der Verhaftung zu schützen.

In der Abteilung für Chirurgie befanden sich zu diesem Zeitpunkt 34 Schwerverletzte, in der Leichenhalle im Erdgeschoß vier Tote. Im größten Krankenhaus von Timişoara, in der Kreisklinik, lag eine Liste mit Namen von 258 Toten und über 700 Verletzten auf.[10]

Am 18. Dezember griff der Widerstand auch auf einzelne Staatsbetriebe über. Zuallererst traten die 3000 Beschäftigten der Firma ELBA, des größten Elektrokonzerns von Westrumänien, in den Streik. Radu Bălan, der junge, unerfahrene Parteisekretär des Kreises Timiş, versuchte vergeblich, die Belegschaft zu besänftigen, indem er sich am frühen Nachmittag im Fabrikhof den aufgebrachten Arbeitern stellte. Trotz großzügiger Versprechungen von Lohnerhöhungen und besseren Arbeitsbedingungen wollten die Männer nicht zurück an die Maschinen. Da die Sondertruppen in der vorhergehenden Nacht auf dem Opernplatz auch zwei Arbeiterkinder erschossen hatten, verlangte die ganze Belegschaft von ELBA unerbittlich die sofortige Bestrafung der Schuldigen.[11]

Tausende junger und älterer Demonstranten kehrten mit ungebrochenem Mut auf den Opernplatz zurück. Der Elektriker Oprea wie der Ingenieur Vaida waren in der Menschenmenge, die sich nicht mehr fürchten wollte: weder vor den Panzern, die den Protest aus nächster Nähe überwachten, noch vor den Sondertruppen, die die Innenstadt hermetisch abriegelten. Nachdem man die verkohlten Fahrzeuge der Feuerwehr abgeschleppt hatte, warteten nun neue Einsatzwagen an ihrer Stelle.

Am späten Nachmittag kreisten Sondereinheiten die Demonstranten erneut ein, und wieder gingen Soldaten in Stellung. Als die Nacht hereinbrach, eröffneten die Regimewächter wie schon am Vortag das Feuer. Während die Bevölkerung Deckung suchte, hallten die Schüsse stundenlang durch das Zentrum der rebellischen Stadt. Aber an diesem 18. Dezember töteten Armee und Sicherheitstruppen wie durch ein Wunder keinen aus der vieltausendköpfigen Menschenmenge – nicht einmal Schwerverletzte gab es. Jene, die in die Krankenhäuser eingeliefert wurden, waren vorwiegend Opfer prügelnder Securisten geworden.[12]

Geheime Note an E 2

Am Morgen des 19. Dezember meldete sich im Auslandsressort des Österreichischen Fernsehens in Wien telephonisch ein gewisser Herr Gerald Beckmann. Er stellte sich mit dunkler, angenehmer Stimme vor. Er sei Österreicher, von Beruf kaufmännischer Angestellter, sagte er, und zufällig seit drei Tagen in Rumänien auf Verwandtenbesuch. Er habe auf diese Weise die Unruhen in Timişoara miterlebt.
Der verantwortliche Redakteur bat den unbekannten Anrufer, am Abend dem Publikum der Sendung »Zeit im Bild 2« in einem Direktgespräch aus Timişoara seine Eindrücke zu schildern. Man werde versuchen, so der Journalist, ihn anzurufen.
Der seriös klingende Geschäftsmann zögerte. Er könne telephonisch nicht erreicht werden, widersprach er, da er »vom Apparat eines Angehörigen der Securitate« spreche, der abgesprungen sei. Nähere Angaben zur Person wollte Beckmann angesichts der gespannten Lage in Rumänien nicht machen. Er würde sich selber und seinen Bekannten einer unnötigen Gefahr aussetzen, warnte Beckmann äußerst überzeugend. Man einigte sich darauf, daß sich der 42jährige Mann am Abend von sich aus wieder melden werde.[13]

Über die Unruhen in Timişoara hatten die internationalen Nachrichtenagenturen bis zu jenem Zeitpunkt nur ungenaue Meldungen geliefert. Am 17. Dezember, als in der westrumänischen Stadt zum erstenmal geschossen worden war, hatte lediglich die deutsche Tageszeitung »Die Welt« über die geplante Zwangsumsiedlung von Pastor Tökes und die erste Demonstration vor dessen Haus be-

richtet. Die Informationen hatte das Blatt von einem Exilrumänen aus West-Berlin zugespielt bekommen.
Am 18. Dezember, dem Abreisetag Ceauşescus in den Iran, änderte sich die Meldungslage schlagartig, und der Westen wurde mit Informationen geradezu überflutet. »Soldaten gingen mit Bajonetten gegen Demonstranten vor«, berichteten ungarische Augenzeugen an die Presse. »Kampfpanzer riegelten die Straßen ab«, meldeten Rumänienheimkehrer, als sie in der Tschechoslowakei eintrafen. Die ungarische Nachrichtenagentur MTI teilte mit, auch in Arad sei es zu Unruhen gekommen.
Da die wenigen internationalen Telephonleitungen zwischen der unruhigen Stadt und dem Westen am Morgen jenes Sonntags unterbrochen worden waren, warteten Journalisten in ganz Europa allerdings vergeblich auf authentische Berichte.
Zusätzlich hatte das bereits isolierte Regime praktisch ein totales Einreiseverbot verhängt. Sogar österreichische Staatsbürger, für die keine Visumpflicht bestand, durften »vorübergehend« nicht mehr einreisen.[14]
Alarmiert hatte auch die jugoslawische Nachrichtenagentur Tanjug gemeldet, daß der Grenzübergang Vatina von den Rumänen geschlossen worden sei.
Trotz aller Einschränkungen brach am darauffolgenden Tag, dem 19. Dezember, eine neue Welle grauenhafter Schreckensmeldungen über den Westen herein. So berichteten zwei syrische Studenten, die »in einem Krankenhaus von Timişoara ein Praktikum absolvierten ...«, sie hätten gesehen, wie »tausend Tote in die Leichenhalle geschafft wurden«. Ein Rumäne ungarischer Abstammung erzählte, daß eine »Schwangere mit einem Bajonettstich im Magen eingeliefert worden« sei, während griechische Zahnmedizinstudenten mit der Nachricht aus Timişoara

zurückkehrten, drei Kinder seien »von gepanzerten Fahrzeugen überrollt worden«.[15]

Die meisten Informationen stammten entweder von osteuropäischen Agenturen oder von Exilrumänen, die sich aus mehreren Ländern bereitwillig zu Wort meldeten: zum Beispiel aus der DDR, wo emigrierte Ceauşescu-Untertanen von unbeschreiblichen Greueltaten in Timişoara wissen wollten. Und die jugoslawische Nachrichtenagentur Tanjug verbreitete wie die ungarischen Medien unbeirrt massive Schreckensmeldungen.

In allen Fällen ließ die mächtige Nachrichtenlawine, die über den vorweihnachtlichen Westen hinwegrollte, aber eines deutlich erkennen: Es schien, als hätte sich der ganze Ostblock gegen die Person Ceauşescu verschworen – inklusive Securitate.

Der rumänische Sicherheitsdienst verfügte, wie andere Geheimdienste auch, über eine eigene Abteilung, die sich ausschließlich um den »Feind« kümmerte. Der CIE (= Centrul de Informaţii Externe), der Auslandsnachrichtendienst, war einerseits für die Informationsbeschaffung und andererseits für die Gegenpropaganda zuständig. Sechs verschiedene Abteilungen betreuten von »Europa« bis »Australien« jeden Kontinent.[16]

Während bei den meisten Meldungen, die durchweg falsch waren, eine gemeinsame Quelle nicht auszumachen war, schien in zwei konkreten Fällen die Handschrift des undurchsichtigen Sicherheitsdienstes erkennbar. Im einen Fall war es Beckmann, der angebliche österreichische Geschäftsmann, der mit Hilfe der Securitate einen Greuelbericht in den Westen absetzen konnte. Der andere hatte mit Radio Free Europe zu tun.

Gerald Beckmann meldete sich, wie er versprochen hatte, kurz vor 22 Uhr wieder beim ORF. In wenigen Minuten sollte die Nachrichtensendung »Zeit im Bild 2« beginnen, in deren Mittelpunkt die Lage in Timişoara stand. Beckmann wartete geduldig auf die Durchschaltung ins Studio. Als ihn Moderator Elmar Oberhauser befragte, erklärte Beckmann aufgeregt, daß »marodierende Truppen durch die Stadt« zögen und das Zentrum von Timişoara völlig verwüstet sei. Die Zahl von tausend Toten, die tagsüber via Nachrichtenagenturen auf den Tisch der Redaktion gekommen war, hielt der Geschäftsmann noch für untertrieben.

»Es geschehen hier Dinge«, warnte er das Publikum, die er kaum beschreiben könne. »Lastwagen, ich kann es nicht anders ausdrücken, mit Kubikmetern von Leichen werden abtransportiert, angeblich in Massengräbern vernichtet oder beigesetzt oder verbrannt.«

Beckmann gestand – diesmal sogar auf Sendung – daß er wieder »über eine Leitung der berühmt-berüchtigten Securitate« spreche, daß er »in der Höhle des Löwen sitze«. Der allmächtige Sicherheitsdienst, hatte er schon im Vorgespräch geflüstert, befinde sich in Auflösung.[17]

Aber bevor der Geschäftsmann an die Regie zurückgegeben werden konnte, riß das Gespräch ab. Beckmann, der über eine Leitung, die es »offiziell gar nicht gibt« und die der wachsamen Securitate gehörte, gegen den Conducator wettern durfte, meldete sich nie wieder beim ORF. Er blieb unauffindbar.

Seine dramatische Schilderung hingegen wurde am nächsten Tag von zahlreichen Agenturen und Zeitungen zitiert: Der vermeintliche Österreicher galt in dieser verworrenen Nachrichtenlage als verläßlicher Zeuge.

Der zweite Fall zog noch breitere Kreise. Er begann mit einem Anruf bei der Redaktion des amerikanischen Nachrichtensenders Radio Free Europe am Morgen des 19. Dezember. Ein Unbekannter behauptete, er melde sich direkt aus dem ZK-Gebäude in Bukarest, und er sei im Besitz einer streng geheimen Note der Securitate, die unter dem Codenamen »E2« an Elena Ceauşescu adressiert sei. In dem vertraulichen Schreiben, so der Anrufer, sei die tatsächliche Opferbilanz der Unruhen in der westrumänischen Stadt aufgelistet. Es gäbe gemäß der Note »4632 Tote, 1282 Verletzte, 13214 Verhaftete und 7613 Regimegegner, die zum Tode verurteilt wurden«. Radio Free Europe zögerte und veröffentlichte die Horrorzahlen nicht.
Zwei Tage darauf berichtete ein »Augenzeuge« im ungarischen Fernsehen jedoch, daß in einem Massengrab in Timişoara »4630 Tote« entdeckt worden seien. Der kleine Unterschied zur »geheimen Note an E2«: lediglich zwei Opfer.
Dann wiederum bezog sich die jugoslawische Tanjug auf eine sichere Quelle in Timişoara und sprach von »4632 Toten«, der ursprünglichen Zahl in der angeblich so geheimen Notiz.
Das seltsame an dieser international ausgestreuten Falschmeldung war, daß sie offenbar aus einer »gut informierten Quelle« stammte. Denn nur Insider konnten wissen, daß der Chef des Sicherheitsdienstes, der ein Günstling von Elena Ceauşescu war, der ersten Dame des Landes direkt zu berichten hatte.[18]

In Timişoara war die Lage jedoch ganz anders. Dort gab es keine »Tausende von Toten«, von denen bemühte Augenzeugen und raffinierte Desinformanten berichteten,

sondern es ging das alte, grausame Spiel der »Nachbearbeitung« weiter.
In der Nacht auf den 19. Dezember inspizierte im Gerichtsmedizinischen Institut der Kreisklinik gegen zwei Uhr früh Securitate-Major Corbodeanu zusammen mit mehreren Kollegen und Milizionären die insgesamt 53 Leichen, die schon in den schlechtgekühlten Räumen des Instituts lagen. 13 Tote waren bereits von Familienangehörigen identifiziert worden. Sie trugen Namensschilder. 40 hatten nur eine Nummerntafel um den Hals, denn Dr. Milan Dressler, der zweite Chef der Abteilung, war am Tag davor mit der Arbeit nicht weiter vorangekommen. Corbodeanu ließ die 40 namentlich nicht gekennzeichneten Toten auf einen Lastwagen aufladen, noch in derselben Nacht nach Bukarest fahren und im Krematorium der Hauptstadt verbrennen.
Dort endeten auch die vier Toten aus der Klinik 2, die in derselben Nacht von Securisten aus der um vieles kleineren Leichenhalle des zweitgrößten Krankenhauses gestohlen wurden. Die Frauen und Jugendlichen, die am Morgen vor der Klinik gewacht hatten, waren am späten Abend heimgegangen, da die Innenstadt wieder unruhig geworden war.[19]

Hauptstadt der Revolte

Im Verwaltungsapparat für die innere Sicherheit, einem Gebäudekomplex in der Eforie-Straße im Bukarester Zentrum, waren schon am Nachmittag des 18. Dezember, Stunden nach der Ceauşescu-Abreise in den Iran, mehrere streng geheime Treffen abgehalten worden. Noch unter dem Eindruck der Krisensitzung vom Vortag hatte

Sicherheitschef Vlad hohe Generäle zu sich beordert und sie über die Krisensitzung des Politischen Exekutivkomitees informiert. Nachdem er sich über seine praktische Entmachtung und den ruppigen Ton des Conducators beschwert hatte, warnte er seine Mitarbeiter vor einem ähnlichen Schicksal. Um dem zuvorzukommen, befahl er dem Sicherheitsapparat, während der Abwesenheit Ceauşescus nicht mehr in gewohnter Weise zu agieren. Zugleich beauftragte er die Direktion 1 mit einer Sonderaufgabe. Die Abteilung, zuständig für die Bespitzelung der politischen Opposition, sollte herausfinden, wer die Drahtzieher der Revolte in Timişoara seien.[20]

Mehr als jede andere Abteilung hatte die Direktion 1 ein Heer von Mitarbeitern zur Verfügung. Insgesamt 1300 gut ausgebildete Offiziere, unterstützt von zahllosen Informanten, bespitzelten von Mitgliedern der sogenannten historischen Parteien, die seit 1948 verboten waren, bis zu rumänischen Studenten, die im Ausland studierten, alles, was auch nur im entferntesten »verdächtig« schien.

Die ersten Auswirkungen des Kurswechsels zeigten sich schon am Nachmittag jenen Tages in Timişoara. Am 17. Dezember, nachdem der Diktator den ausdrücklichen Schießbefehl gegeben hatte, war seine Order noch lückenlos ausgeführt worden. Doch am 18. wurde der Chef der Grenztruppen, Tiaca, plötzlich von einem seiner eigenen Männer übergangen. Ein kleiner Oberst mit Namen Petre Geanţă, der offenbar in Übereinstimmung mit Generalstabschef Guşe handelte, nahm den Schießbefehl wieder zurück. Und die Direktion 4 hinderte ihn nicht daran.

Für diese Abteilung war zunächst der stellvertretende Leiter, Oberst Emil Rădulescu, in die rebellische Stadt gekommen. Er sollte die Aktionen der »militärischen Abwehr« koordinieren. Rădulescu blieb auch untätig, als

Oberst Viorel Oancea, der Kommandant der Einheit 01955, die in den Straßen der Stadt im Einsatz war, gegen die brutale Unterdrückung des Aufstands rebellierte.[21]
In Bukarest hingegen stand Krisenmanagement unvermindert auf der Tagesordnung. Unter dem Eindruck der nicht enden wollenden Revolte griff die ahnungslose Elena Ceauşescu, die Stellvertreterin, auf eine typische Taktik zurück. Sie befahl Ministerpräsident Constantin Dăscălescu in die Stadt des Aufruhrs. Er sollte zum Schein mit den Aufständischen verhandeln. Zugeständnisse dürfe er keine machen.
Am späten Nachmittag des 19. Dezember stellte sich der loyale Regierungschef im ersten Stock des Kreisparteiamtes von Timişoara einer Delegation aus Regimegegnern. Unter den zwölf schlechtgekleideten Abgesandten des Volkes befand sich auch der aufrührerische Elektriker Oprea. Vizepremier Emil Bobu und drei Generäle niedrigen Ranges stärkten hingegen dem Ministerpräsidenten ostentativ den Rücken.
Die ungleichen Verhandlungspartner konnten sich erwartungsgemäß nicht einigen. Auf die Forderungen Opreas und seiner Begleiter, alle Gefangenen sowie die entführten Leichen zurückzugeben, reagierte der Politiker nicht. Hingegen lockte er den Elektriker mit dem verführerischen Angebot, die triste Heimat sofort verlassen zu können. Oprea überlegte.
1987 war er illegal über die Grenze nach Jugoslawien geflüchtet, wo er dann vergeblich auf die Gewährung politischen Asyls gehofft hatte. Nach einigen Tagen Haft war er nach Rumänien zurückgeschickt und vor ein Militärgericht gestellt worden. Das Urteil hatte gelautet: zwei Jahre Haft, davon sechs Monate Arbeitseinsatz auf dem Lande. Bei einer der jährlichen Generalamnestien, die re-

gelmäßig am 26. Januar, dem Geburtstag des Conducators, erteilt wurden, war Oprea schließlich vorzeitig entlassen worden.
In der völlig geänderten Lage widerstand der Elektriker der Versuchung. Gestärkt durch den bis dahin unbesiegten Protest der Straße verlangte die unnachgiebige Volksdelegation so offen den Rücktritt des Staats- und Parteichefs, daß Dăscălescu die Verhandlungen abbrach.[22]
Während der Regierungsvertreter, geschützt von einer Sondereinheit, durch eine Hintertür aus dem Kreisparteiamt geschleust wurde, trat der standhafte Elektriker hinaus auf den Balkon. Vor dem Parteihaus waren unzählige Demonstranten versammelt. Schon während der Verhandlungen waren laute Anti-Ceauşescu-Rufe der Menschenmenge in das Sitzungszimmer gedrungen. Jetzt war die überschäumende Wut nicht mehr zu bremsen. Als Oprea bekanntgab, daß die Bukarester Regierung alle Forderungen abgelehnt hatte, antworteten ihm Zehntausende wie aus einem Munde: »Jos Ceauşescu!« (»Nieder mit Ceauşescu!«)
Die halbe Nacht brodelte es in der Innenstadt. Am nächsten Morgen »eroberten« die Revoltierenden den Opernplatz. Plötzlich, um 10 Uhr, zogen sich die überalterten Panzer, die dort positioniert worden waren, in Richtung Kasernen zurück. Der rebellische Oberst Oancea hatte der passiv zuschauenden Securitate diese symbolische Geste abgetrotzt, und ohne einzugreifen, ließ die Direktion 4 die Militärs wieder gewähren. Als offizielle Ausrede gab man an, die T 54 würden zum Schutz der Kasernen gebraucht.
Eine halbe Stunde nach dem unerwarteten Rückzug der Armee besetzten Gruppen von Demonstranten das ehemalige Opernhaus auf dem gleichnamigen Platz, im Her-

zen von Timişoara. Der Balkon des klotzigen Gebäudes, der dem Diktator bei seinen Visiten als Tribüne für stundenlange Reden gedient hatte, war in der Hand der politischen Gegner. Zum erstenmal wurde eine blau-gelb-rote rumänische Nationalfahne gehißt, in der das Wappen der Sozialistischen Republik fehlte; das Volk hatte das Symbol des verhaßten Regimes herausgerissen.

Während unsichere revolutionäre Redner die noch verängstigte Menschenmenge zu beruhigen suchten, besetzten Gruppen von erregten Jugendlichen in Windeseile die unzähligen Säle und Kammern des Opernhauses. Im dunklen Vorraum zum Balkon trafen einander Arbeiter und Studenten, Priester und Ärzte. Auch der Elektriker Oprea war wieder dabei. Nach den gescheiterten Verhandlungen der vergangenen Nacht war er, ähnlich wie Tökes, zum Lokalhelden avanciert.

Unerfahrene, übermüdete Aufständische wollten die so siegreiche Revolte offenbar schnell mit einer neuen Führung krönen. Unter lautem Geschrei suchte die Menge nach Männern ihres Vertrauens. Und der machthungrige Lorin Fortuna, ein Hochschulassistent, riß bald zusammen mit Claudiu Jordache, einem hochgewachsenen, mageren Bauingenieur, die Führung an sich. Als die beiden auch die KP einladen wollten, sich der Plattform anzuschließen, kam es zu ersten Spannungen. Die große Mehrheit wollte die Kommunisten keinesfalls dabeihaben. Nach stundenlangen Debatten gründete Timişoara schließlich ein revolutionäres »Komitee«.

Unten auf dem Opernplatz hatte sich eine unübersehbare Menschenmenge versammelt. Belegschaften von zahlreichen Betrieben, die sich dem Streik der ELBA-Belegschaft angeschlossen hatten, waren gekommen. Die meisten Geschäfte der Innenstadt, deren Schaufenster während der Unruhen und Einsätze der Sicherheitskräfte zertrümmert worden waren, blieben geschlossen. Während einige Gruppen immer wieder »Nieder mit Ceauşescu!« schrien, forderten andere bereits ein Ende des ganzen Systems: »Jos comunismul!« (»Nieder mit dem Kommunismus!«)

Bukarest erwacht

Rückkehr des Conducators

Die Hauptstadt hatte die zwei kritischen Tage, an denen der Conducator außer Landes war, in gewohnter Grabesstille verbracht. Obwohl zahlreiche westliche Radiosender, die auch von der rumänischen Bevölkerung empfangen werden können, über die Ereignisse in Timişoara berichteten, rührte sich Bukarest offenbar nicht.
Studenten hatten zwar nach Beginn der Demonstrationen in der Provinz beschlossen, den Widerstand auch ins Zentrum der Gewaltherrschaft zu tragen. Während zahlreicher nächtlicher Sitzungen hatte die intellektuelle Jugend erste konkrete Protestaktionen geplant, wobei man in der Fakultät für Architektur besonders aktiv war. Dort wurden sogar Flugblätter gedruckt, die den Rücktritt Ceauşescus forderten. Doch der jahrelange Terror der Securitate zeigte Wirkung: Die Furcht war überstark. Die Studenten verschoben ihren öffentlichen Protest immer wieder – auch die im Polytechnischen Institut, dem heimlichen Treffpunkt von Iliescus Verschwörerzirkel.[1]
Der Conducator kehrte also von seinem Staatsbesuch in ein noch ruhiges Bukarest zurück. Während seiner Visite

in Teheran hatte er drei » Kooperationsprotokolle« unterzeichnet, die bis ins Jahr 2000 reichen sollten.
Gleich nach der Landung in Otopeni hielt er eine Sondersitzung mit den Mitgliedern des Politischen Exekutivkomitees ab, die zu seiner Begrüßung angetreten waren. Nach einem kurzen Lagebericht über die Vorgänge in Timişoara ließ sich der beruhigte Herrscher in den Sitz des Zentralkomitees auf dem Platz des Palastes chauffieren. Dort führte er den Vorsitz bei einem neuerlichen Treffen der greisen Machtelite.
Am späten Nachmittag beschloß der Staats- und Parteichef, sich via Bildschirm an die Nation zu wenden. Mehrere Regierungsmitglieder, darunter die beiden Vizepremiers Ion Dinka und Mănea Mănescu sowie Verteidigungsminister Milea wies er an, ihn während der Aufzeichnung seiner Ansprache im Fernsehstudio im Keller des Parteigebäudes zu flankieren. Wie immer stand auch Elena neben ihrem Mann. In bewährtem Stil führte er eine Attacke gegen das Ausland: »Imperialistische, reaktionäre und chauvinistische Kreise« hätten in Timişoara die Unabhängigkeit »unseres sozialistischen Staates« bedroht, belehrte der Conducator sein Volk. Seit mehreren Tagen würden aber »Truppenteile in Übereinstimmung mit der Verfassung des Landes und den entsprechenden Gesetzen« die Ordnung in Timişoara schützen.
Ceauşescu betonte in seiner Rede ausschließlich den Einsatz der Armee. Seine allmächtige Securitate, der er offenbar nicht mehr traute, erwähnte der Potentat mit keiner Silbe.[2]
Kurz nach 20 Uhr wurde das voraufgezeichnete »Gruppenbild mit Dame« vom staatlichen rumänischen Fernsehen ausgestrahlt. Doch nicht genug der Selbstgefälligkeit: Nach seinem TV-Appell vergatterte Ceauşescu noch in

später Nacht auch die Botschafter der Bruderländer. Ungarn und die Sowjetunion hätten die Unruhen in Timişoara angezettelt, zischte er die ins ZK-Gebäude befohlenen Diplomaten an. Die Vertreter der beiden beschuldigten Nachbarländer hatten sich dem Strafunterricht freilich durch Abwesenheit entzogen. Moskaus Mann in Bukarest, Botschafter Evghenij Tiajelnikow, war bezeichnenderweise gleich nach dem Parteitag zu einem verfrühten Weihnachtsurlaub in die Heimat gefahren.[3]

Letzte Warnung

Am darauffolgenden Tag, dem 21. Dezember, schlug die Selbstherrlichkeit des Tyrannen in offene Arroganz um.

Unbeirrt von den alarmierenden Zeichen der Zeit wollte der Conducator das eigene Volk zu einer sichtbaren Geste der Unterwerfung zwingen. Er griff dabei auf die einfachste und wirkungsvollste Methode totalitärer Machtausübung zurück: Schon in den frühesten Morgenstunden ließ er seinen unterwürfigen Parteiapparat eine Massenkundgebung organisieren. Um jedes Risiko zu vermeiden, bestellte er ausschließlich das versklavte Proletariat als Publikum.

Gegen 7 Uhr lag den Parteisekretariaten aller Bukarester Großbetriebe bereits ein knapper Telegrammtext vor. Den Belegschaften wurde darin verordnet, »Freiwillige« – vorzugsweise Parteimitglieder – bereitzustellen. Bei Schichtbeginn traten dann die gehorsamen Parteibonzen an den jeweiligen Arbeitsstätten in Aktion. Ihre hektische Suche nach Freiwilligen blieb jedoch in vielen Fällen erfolglos. Daher verpflichtete man auch Nichtparteimitglie-

der zur Teilnahme an dem bevorstehenden Politspektakel. So wurde die halbe Belegschaft der Firma Electromontaj, ein 2000-Mann-Betrieb, bei Arbeitsantritt gezwungen, in Reih und Glied abzumarschieren. Im roten Musterbetrieb, der Maschinenbaufabrik 23. August, mußte sich ebenfalls das halbe Personal, fast 10000 Mann, zu Kolonnen formiert, in Bewegung setzen.
Mit den unabkömmlichen Parteisekretären an der Spitze strömten die abkommandierten Arbeiter im Laufe des Vormittags in die Innenstadt. »Lotsen« lenkten die einzelnen Belegschaften. Als vorläufiger Sammelpunkt war der Boulevard 1848, der das Zentrum von Bukarest von Nord nach Süd in zwei Teile schneidet, angegeben worden. Er war bald schwarz von Menschen. Die zuvor verteilten Transparente mit den üblichen Jubelparolen »Trăiască Partidul Comunist Român!« (»Hoch lebe die Kommunistische Partei Rumäniens!«) ließen die Gestalten mit den traurigen Gesichtern wie befohlen noch eingerollt. Eine spürbare Spannung lag in der Luft, aber nicht einmal der Ansatz eines Aufbegehrens war zu bemerken; in den mit Alltagssorgen überlasteten Köpfen der Arbeiterschaft hatten revolutionäre Träume keinen Platz.

Am Fenster des Colţea-Krankenhauses, das sich an der Mündung des Boulevards in den Universitätsplatz befindet, beobachtete Andrea Andrescu den furchterregenden Auftrieb der Massen. Neben ihr starrte Dr. Piroshka Gyorgy, eine Gastärztin ungarischer Abstammung aus Timişoara, auf die abgesperrte Prachtstraße. Die Sekretärin Andrescu schämte sich vor ihrer Nachbarin: »In Ihrer Stadt sterben sie für die Freiheit, bei uns marschieren sie alle für den ›Alten‹«, flüsterte sie.
Die sanfte Andrescu, die im Vorzimmer des Chefs und

zugleich Parteisekretärs der Abteilung für Chirurgie, Nicolae Angelescu, seit einigen Jahren als Hilfskraft schuftete, war eine der vielen vom Regime Gebrochenen.
Nach einem abgeschlossenen Studium der Sozialwissenschaften hatte die 37jährige Andrescu in der Bukarester UNO-Niederlassung CEDOR als wissenschaftliche Assistentin von Mihai Botez gearbeitet. Sie hatte aber nicht nur die Manuskripte des begabten Mathematikers getippt, sondern auch dessen demokratische Gesinnung geteilt. Nachdem Andrescu alle Angebote der Securitate abgelehnt hatte, ihren Chef und Freund zu bespitzeln, bedrohte man sie zuerst und überwachte sie dann. 1984 wurde das Institut, das dem Regime lästig geworden war, unter einem fadenscheinigen Vorwand geschlossen.[4]
Der unbequeme Botez verschwand in der abgeschiedenen Provinz Tulcea. Seine Mitarbeiterin bezahlte für ihre Standhaftigkeit mit Arbeitslosigkeit und permanenter Bespitzelung.
Die Securitate trieb Andrescu wie viele Andersdenkende in einen Teufelskreis. Weil ihr sogenanntes Dossier nicht die gemeinhin geforderten Kriterien erfüllte, verweigerten ihr zynische Parteisekretäre wiederholt eine Anstellung. Ihre Ehe zerbrach. Nach ihrer Scheidung wurde der zur Untätigkeit Gezwungenen noch die kleine Tochter weggenommen. Die vormals rebellische Assistentin endete schließlich als gebrochene Frau in einem winzigen Vorzimmer der chirurgischen Abteilung der ältesten Klinik von Bukarest als schlechtbezahlte Hilfskraft.

Unten auf dem Boulevard, der bis an die Gehsteige überfüllt war, setzten sich gegen 10 Uhr die folgsamen proletarischen Massen in Bewegung. Einige Kolonnen bogen in den Bulevardul Gheorghe Gheorghiu-Dej ein, andere in die Straßen Edgar Quinet und 13. Dezember. Die Regie lenkte sie alle auf den Platz des Palastes, wo sie dann noch zwei Stunden auf das Erscheinen des Hauptdarstellers Nicolae Ceauşescu und seiner Entourage warten mußten.

Der Elektrofachmann Leon Nica, ein kleingewachsener munterer Mittdreißiger, versteckte sich geschickt in dieser geduldigen Herde. Er hatte sich unerlaubterweise eingeschlichen, denn offiziell waren die Arbeiter seines Betriebes, der Baufirma IACERD, nicht zu dieser Manifestation gezwungen worden. Nica marschierte ganz bewußt in seiner Rolle als Regimegegner mit.

Der unscheinbare Elektrofachmann exponierte sich schon seit Jahren als Verfasser unzähliger Protestbriefe, die er über die American Library, die Bibliothek der US-Botschaft in der Strada Arghezi, in den Westen schmuggeln ließ. Seine jüngste Klageschrift war groteskerweise erst am Vortag, dem 20. Dezember, nach einer langen Irrfahrt in der kanadischen Tageszeitung »The Globe and Mail« abgedruckt worden. Sie hatte aber trotz der ausführlichen Berichterstattung über Timişoara im Ausland kein Aufsehen erregt. Nica hoffte nun, daß der Aufmarsch eine weitere Gelegenheit zum Widerstand bringen würde.[5]

Aber Hundertschaften von Securisten wachten wie gewohnt über den störungsfreien Ablauf der Massenkundgebung. Die nicht übersehbaren Mitglieder des Sicherheitsdienstes waren allerdings diesmal nicht an allen Ecken und Enden plaziert worden. Während bei solchen Regimeveranstaltungen sich jeder Teilnehmer normalerweise sogar einer Körperkontrolle unterwerfen mußte, winkten diesmal achtlose Regimegardisten die Arbeitermassen weiter.

Die Securitate hatte jedoch noch mehr Spitzel als sonst

unter das herbefohlene Fußvolk gemischt. Ein Teil dieser Männer hatte ausdrücklich Order bekommen, sich nicht wie üblich als Einpeitscher und Claqueure zu betätigen. Dem zuverlässigen Ion Barbonea, der von Beruf Verwalter der Restaurants des ersten Distrikts von Bukarest war, zugleich aber für die Securitate arbeitete, war knapp vor dem Treffen ein Sonderauftrag erteilt worden. Er sollte einen kleinen Knallkörper mitnehmen und kurz nach Beginn der Ceauşescu-Ansprache zur Explosion bringen. Dem Securisten Doru Haragă wurde wie einigen anderen angeordnet, ebenfalls künstlich für Unruhe zu sorgen.

Als zusätzliche ungewohnte Maßnahme ließ der Apparat an jenem Morgen die Wachen bei den Massenmedien verstärken. Sechs Offiziere der Securitate wurden in das Fernsehzentrum in die Dorobanţilor-Straße beordert. Fünf hohe Securisten mußten zum Dienst in die Nuferilor-Straße, in der sich die staatliche Rundfunkanstalt befindet.[6]

Während so der Sicherheitsapparat begann, nach dem passiven Widerstand in Timişoara, sich erstmals aktiv, wenn auch vorsichtig, gegen Ceauşescu aufzulehnen, saß dem Volk weiterhin die Angst in den Knochen.

Zahlreiche unzufriedene Studenten, die das Regime längst ablehnten, wagten sich nur in die Nähe des merkwürdigen Propagandafestes. Einer derer, die in den vergangenen Tagen den Aufstand geprobt, aber immer wieder verschoben hatten, der 24jährige Laurenţiu Curcă, kam an jenem Morgen mit der U-Bahn in die Innenstadt. Der Student des Polytechnischen Instituts versteckte sich in einem dunklen Hauseingang einer Seitenstraße. Auf den gutgesicherten Platz des Palastes getraute sich der Jungrevolutionär nicht.

Das eigentliche »Miting spontan« – wie der Volksmund die Zwangsversammlungen des Conducators voller Verachtung nennt – beginnt gegen 12 Uhr mittags auf dem Platz des Palastes. Die einzelnen Belegschaften stehen stramm in Reih und Glied. Auch der rebellische Elektrofachmann Nica hat sich diszipliniert unter die Arbeiter des Betriebes 23. August gemischt. Über den Köpfen der hunderttausend weht ein Meer von Fahnen und Spruchbändern mit althergebrachten Glückwunschparolen für »tovarăşul Ceauşescu«, den Genossen Ceauşescu. Die mächtige Frau des Diktators lächelt von alten Farbdrukken, auf denen die 69jährige gute zwanzig Jahre weniger zählt. Zwei Kameras des rumänischen Fernsehens filmen das bestellte Jubeltreffen. Gemäß der Tradition der Diktatur soll auch das restliche Land mit der Show zwangsbeglückt werden.
Nach den Lobeshymnen einiger niedrigrangiger Parteibonzen tritt der Diktator gegen 13 Uhr auf den Balkon des ZK-Gebäudes. Er trägt einen übergroßen, tiefschwarzen Mantel mit Persianerbesatz; die gleichfarbige Tschapka hat er über die halbe Stirn gezogen. Ebenfalls zu winterlich für das milde Wetter gekleidet, stellt sich Elena einen Schritt links neben den Ehemann. Die erste Dame hat ihre Haare streng nach hinten frisiert. Rechts vom Diktator muß Ministerpräsident Dăscălescu, der noch zwei Tage zuvor in Timişoara mit den Rebellen verhandelte, antreten. Daneben assistiert Emil Bobu, wie Sicherheitschef Vlad einer von Elenas Protegés.
Von den Ecken des Balkons aus suchen mehrere Securisten die Menge nach potentiellen Störern ab. Doch noch ist alles ruhig.
Nach minutenlangem Begrüßungsapplaus setzt Ceauşescu mit seiner schwerverständlichen Fistelstimme zur

Rede an. Noch einmal schiebt er die Schuld an den Unruhen dem nahen und fernen Ausland zu, wobei er keine bestimmten Länder nennt, die mit ihren »Agenten den Sozialismus zerstören wollen«. Die politischen Gegner stempelt er, in einem ebenfalls für Tyrannen typischen Manöver, zu gemeinen Kriminellen. Er klagt, daß »die Demonstranten in Timişoara... Hooligans«, Rowdies, seien.

Sieben Minuten lang wettert Ceauşescu gegen alles und jeden. Doch just, als er beginnt, die »Veranstalter dieser großen Volksdemonstration in Bukarest« zu loben, ereignet sich das Unvorstellbare: Dem Diktator wird die Schau und damit die Macht gestohlen.

Zuerst rollt nur ein Murren über den Platz. Dann wogt plötzlich das Fahnenheer leicht im Wind. Schließlich formiert sich der undefinierbare Lärm zu Worten. Aus der oft gebrüllten Jubelparole »Ceauşescu şi popurul!« (»Ceauşescu ist das Volk!«), wird, leicht verändert, ein bedrohlicher Protestruf: »Ceauşescu, dictatorul!« (»Ceauşescu, Diktator!«).

Aus jeder Ecke des Platzes ertönt plötzlich Geschrei. Die in der Menge versteckten Securisten erheben einer nach dem anderen die Stimme. Unaufhaltsam brüllen sie den alten Mann auf dem Balkon nieder.

Aber ihre Regie geht nur halb auf. Denn selbst als der Securist Barbonea, der sich im nördlichen Teil des monumentalen Areals unter einer Belegschaft versteckt hat, seinen Feuerwerkskörper zündet, erschreckt er nur seine nächsten Nachbarn. Aus Furcht vor dem spitzen Knall versuchen diese zwar wegzulaufen, sie werden aber von ihren Kollegen daran gehindert. In dem zunehmenden Aufruhr blicken ganze Belegschaften ratlos um sich. Mitzupfeifen oder gar zu schreien trauen sie sich nicht. Nica,

der nicht programmäßig anwesende Rebell, ist einer der wenigen, der, ohne zu wissen, wem er folgt, ebenfalls laute Verwünschungen ausstößt.
Der Diktator auf dem Balkon reagiert seinerseits auch nur mit erheblicher Verzögerung. Zuerst schaut er überrascht um sich. Er versucht mit leicht zittriger Stimme Ruhe zu erzwingen.
»Hallo, hallo! Tovarăşi!« ruft er hilflos ins Mikrophon. Dann klopft er mit den Fingern dagegen. Man hört ein seltsames Tack, Tack.
Während der Herrscher nicht weiß, wie ihm geschieht, rettet die geistesgegenwärtige Elena mit einem präzisen Befehl die Situation: »Sprich schon!« fährt sie den perplexen Staats- und Parteichef an. »Sprich schon!«
Und Ceauşescu spricht. Mit einer geschickten Kehrtwendung lenkt er seine anfängliche Schimpftirade in eine versöhnliche Richtung. Noch einmal verführt er sein Volk. Er kündigt eine Anhebung der Mindestlöhne, der Witwenpensionen, der Kinderzulagen und der Renten um zehn Prozent an. Die Direktübertragung, die während der Störminuten von einer regimetreuen Technik unterbrochen worden ist, trägt diese Versprechen wieder hinaus ins ganze Land. Am Ende erntet der Conducator sogar Applaus – den letzten seiner überlangen Herrschaft.[7]

Kurz nach der überraschenden Unterbrechung der Fernsehübertragung kam es auch im Polytechnischen Institut zu einer ungewöhnlichen Szene.
Roman, der Universitätsdozent, hatte den Vormittag mit hektischen Aktivitäten im Institut zugebracht. Ausgerechnet an diesem Morgen versucht er seine langjährige Parteimitgliedschaft zurückzulegen. Nachdem er das

Büro des unauffindbaren Parteisekretärs Tărâză okkupiert hatte, bestellte Roman mehrere Studenten zu sich, um einen Anti-Ceauşescu-Protest zu lancieren. Als aber dann die Unterbrechung der TV-Übertragung dazwischenkam, lief der Universitätsdozent einfach davon und überließ seine Schüler ihrem Schicksal.[8]

Unterdessen löste sich auf dem Platz des Palastes die gestörte und dann in aller Ruhe beendete Kundgebung unter verblüffenden Szenen auf. Die verschreckten Arbeiter stürzten so hektisch vom Platz, daß es beinahe Verletzte gegeben hätte. Zahlreiche Kundgebungsteilnehmer wurden zu Boden gestoßen oder niedergetrampelt, als die hunderttausend alle zugleich wegrannten. Einige Mitglieder der Firma Electromontaj versuchten über Straßen, die vom Nordrand des Platzes wegführen, der völlig verwirrten Menge zu entkommen. Sie wurden von wachsamen Securisten daran gehindert.

Nur zum Süden hin, in Richtung Universitätsplatz, war der Weg offen. Durch diese Schleusen flohen die Männer zu den nächstliegenden U-Bahn-Stationen und waren innerhalb einer halben Stunde alle verschwunden.

Gegen 14 Uhr wechselte plötzlich das Publikum in der Bukarester Innenstadt. Auf dem Universitätsplatz, der von verschiedenen Fakultäten und dem Hotel Intercontinental begrenzt ist, sammelten sich kleine Gruppen von Menschen, die das Gerücht über die mißratene Kundgebung auf die Straße zog.

Zu der zusammengewürfelten Schar gesellte sich zum Beispiel der Student Laurenţiu Curcă, der sein sicheres Versteck, das dunkle Haustor, ermutigt durch die neue Situation, verlassen hatte. Unter den stummen Neugierigen befand sich auch die unzufriedene Informantin und

Sportlehrerin Popescu, die zufällig in der Innenstadt war und sich schüchtern heranschlich.

Während die Gruppen auf dem Universitätsplatz sich langsam in eine Menge verwandelten, versammelten sich auch auf der Piaţa Română, zwei Kilometer Luftlinie weiter im Norden, einige hundert Gestalten. Unter ihnen war der Dissident Radu Filipescu. Er hatte zwei Securisten im Geleit, die ihn seit Beginn der Unruhen in Timişoara überwachten. Filipescu, von Beruf Ingenieur, war im Jahre 1983 nach einer spektakulären Protestaktion zu einer zehnjährigen Haftstrafe verurteilt worden, wovon er drei Jahre abgesessen hatte. Wegen seiner damaligen Flugblattaktion wurde er seither immer wieder von der Securitate verhört und überwacht.[9]

Wie in Timişoara spielte nun auch in Bukarest die Securitate ein doppeltes Spiel. Auf dem Platz des Palastes hatte sie den Protest angestachelt, aber jetzt bereitete sie sich auf eine neuerliche Niederschlagung vor. Knatternde Panzer rollten heran. Feuerwehrwagen warteten in den Seitenstraßen auf einen Einsatzbefehl. Quer über den Parkplatz des Hotels Intercontinental bildeten die FOI-Sondertruppen einen starken Kordon. Mit ihren weißen Helmen und Schilden sahen sie mehr als bedrohlich aus. Zahlreiche Securisten mischten sich dagegen in unauffälligem Zivil unter die Menge.

Nachdem der Platz abgeriegelt worden war, ertönte trotzdem ein erster Protest: »Libertate!« rief eine Stimme noch zurückhaltend, doch bald wurde der Freiheitsschrei lauter und deutlicher.

»Und jetzt auch wir!«

Die eigentliche rumänische Revolution, deren Auslöser die Revolte in Timişoara war, begann an jenem 21. Dezember wie alle Aufstände nicht mit einem Paukenschlag. Zögernd und vorsichtig wuchs der Protest in Bukarest im Laufe des Nachmittags. Der Verlauf der Front war klar: Auf der einen Seite stand die Staatsgewalt, auf der anderen das rebellierende Volk.

Zuerst wehrten sich die Uniformierten noch beschämt gegen die Blumen, die ihnen Frauen mit einer versöhnlichen Geste in die Gewehrläufe steckten. Einigen Soldaten in den hinteren Reihen, so glaubten Demonstranten zu bemerken, rannen sogar Tränen der Verzweiflung oder Freude über das Gesicht. Andere starrten stur an ihren bittenden und bettelnden Gegnerinnen vorbei. Sie wollten die Geschenke nicht: »Wir sind eure Mütter!« riefen unbeirrt die tapferen Frauen.

Auf der Piaţa Română wurde inzwischen gesungen: »Rumäne, erwache aus dem Schlaf, in den dich Tyrannen versetzt haben...« Die alte Hymne von 1848, der unmißverständliche Aufruf zur Revolte, hallte über den Platz, auf dem der Dissident Filipescu, seine beiden Verfolger, die Securisten, und Hunderte Regimegegner wachten. Während die Piaţa Română, verunstaltet durch einen riesigen Betonsockel, auf den der Conducator ein Denkmal setzen wollte, die Entfaltung einer größeren Demonstration nicht recht zuließ, wurde aus dem Universitätsplatz Zug um Zug eine Arena des Widerstandes.

Gegen 16 Uhr hatten die Feuerwehrwagen die angewachsene Menge mit Wasserstrahlen verjagen wollen, aber vor allem wütende Jugendliche wehrten sich mit blanken Händen und noch lauteren Freiheitsschreien. Die in langen Jahren gestählten zivilen Helfer des Regimes, die an ihren festen Schuhen und kurzen dunklen Windjacken erkennbaren Securisten, betätigten sich in der Folge als Menschenjäger. Wahllos zerrten und prügelten sie junge Frauen und unbeteiligte Zuschauer zu den Bereitschaftswagen. Hunderte wurden auf diese Art verhaftet.

Am späten Nachmittag kamen unter den schweren Rädern eines Militärlastwagens die ersten Demonstranten auf grausame Weise ums Leben. Ohne jede Vorwarnung war ein Armeewagen plötzlich auf die Menge zugerast. Als dessen Lenker, durch einen Stein am Kopf getroffen, endlich auf dem schmalen Grasstreifen vor der Colţea-Klinik zum Anhalten gezwungen wurde, war die Stimmung bereits umgekippt und der halbe Platz in Aufruhr. Mehrere völlig entstellte Schwerverletzte wurden weggebracht, zwei von ihnen starben.

Der erste Schuß fiel bei Einbruch der Dunkelheit. Unkoordiniert feuerten die Einheiten die Salven teils in die Menge, teils nur in die Luft ab. Doch der Einsatz schreckte kaum noch jemanden ab. Er bewirkte genau das Gegenteil.

Der Facharbeiter Sorin Michalac vermochte sich gerade noch zum Tor des Colţea-Krankenhauses zu schleppen, bevor er wegen des starken Blutverlustes ohnmächtig wurde. Der 27jährige wurde von Professor Nicolae Constantinescu von der Abteilung für Chirurgie operiert. Auch er war ein heimlicher Ceauşescu-Gegner.

Die Angst vor dem beruflichen Stillstand hatte den integren Arzt zwar vor einigen Jahren in die Kommunistische Partei Rumäniens getrieben, denn jahrelang hatte er als Sohn einer alten Bukarester Familie vergeblich auf eine Anstellung gewartet. Der arrogante Machtapparat, der

seit Mitte der siebziger Jahre gefügige Parteimitglieder mit Posten belohnte, hatte Constantinescu bespitzelt und isoliert. Dem Druck war der Mediziner wie viele Rumänen dann nur durch einen Eintritt in die Massenpartei entkommen. Erst nachdem er das Parteibuch in der Tasche hatte – die rumänische KP wies mit zuletzt 3,2 Millionen Mitgliedern die größte Dichte aller osteuropäischen Einheitsparteien auf –, wurde Constantinescu zweiter Chef der Chirurgie an der angesehenen Klinik, in der auch die ehemalige Assistentin des Regimegegners Botez gelandet war. Andrescu und der Professor waren aufgrund ihrer Gesinnung stille Verbündete.
Während Constantinescu sich in spontaner Solidarität um die eintreffenden Verletzten kümmerte und den Routinebetrieb verängstigten Kollegen überließ, setzten wütende Demonstranten nur einige hundert Meter von der Klinik entfernt in einem überraschenden »Gegenangriff« mehrere Feuerwehrwagen in Brand. Erneut floß Blut.
Schwarze Rauchwolken lagen über Bukarest – einer Stadt im Bürgerkrieg.

Unberührt von den Ereignissen auf der Straße hatte sich, nur 50 Meter von den wütenden Protesten entfernt, im Hotel Intercontinental die Spitze aller »operativen Einheiten« eingenistet und ein zentrales Kommando etabliert. Von der Lobby des Hotels aus dirigierten hohe Mitglieder des Militärs, der Securitate und der Miliz bei Kaffee und Mineralwasser die Einsätze, während zahlreiche Spitzel von den unteren Stockwerken des häßlichen Betonbaus aus ihre Gegner auf dem Universitätsplatz filmten.
Da schon in den Tagen davor fast alle westlichen Gäste aus dem Hotel hinauskomplimentiert worden waren, be-

fand sich das Hotel praktisch in der Hand des Sicherheitsdienstes. Der hatte zuvor hauptsächlich die Ost-West-Kontakte, die der Bevölkerung gemäß Artikel 23 der Strafrechtsordnung verboten waren, zu überwachen. Nun kontrollierte er vom Hotel aus die halbe Innenstadt.[10]

Helden einer Nacht

»550 ruft Agate.«
»Hat man Sie gut empfangen?«
»Duba ist zum Gefängnis zurückgefahren.«
»2056, fahr zurück zum Unionsplatz.«
Diese und ähnliche Befehle wurden in der Nacht zum 22. Dezember, während die Proteste anhielten, von den permanent im Einsatz stehenden operativen Einheiten per Funk übermittelt.
Innenminister Postelnicu, der den geheimen Codenamen »Agate« trug, raste die halbe Nacht hektisch von einem brennenden Schauplatz zum anderen. Verteidigungsminister Milea erschien ebenfalls des öfteren persönlich auf den Straßen, um sich in Begleitung von Oberst Ion Hortopan über die Fortschritte der schwierigen Operation auf dem laufenden zu halten. Die Leitung der Einsätze lag diesmal in den Händen von Milea, der als offizieller Oberbefehlshaber aller Einheiten dem Diktator direkt verantwortlich war.[11]
Der in seiner Macht bedrohte, aber noch selbstsichere Ceauşescu verbrachte die ganze Nacht im Gebäude des Zentralkomitees auf dem Platz des Palastes. In einigen Räumen des schmutzigweißen Baus, dessen Form dem Buchstaben U gleicht, brannte stundenlang Licht. Das herrschaftlich eingerichtete Büro des Diktators, das Kabi-

nett Nummer eins, lag im untersten der insgesamt sechs Stockwerke des Parteihauses.

In seinem Arbeitszimmer hatte der Staats- und Parteichef nach seinem verpatzten öffentlichen Auftritt neben der halben Regierung – darunter Ministerpräsident Dăscălescu, Elenas Günstling Emil Bobu und Vizepremier Mănea Mănescu – auch mehrere Generäle um sich geschart. Unter einem Riesengemälde, das die Krönungsfeier von Mihai Bravu, Michael dem Tapferen, im 16. Jahrhundert zeigt – er war der erste rumänische Nationalheld und selbstverständlich Ceauşescus großes Vorbild –, wetterte er gegen die »Hooligans und ausländischen Agenten«, die den Sozialismus bedrohten. Milea kam immer wieder zum Rapport, berichtete über »Erfolge« gegen die Straße und das Volk und nickte folgsam.

Der Rest der Militärspitze, die Generäle Guşe und Stănculescu, hatten den Diktator dagegen bereits demonstrativ allein gelassen. Der Generalstabschef war, obwohl die »Operation Timişoara« seit zwölf Stunden von der viel bedrohlicheren »Operation Bukarest« überrollt worden war, einfach in der westrumänischen Stadt geblieben. Der Erste Vizeverteidigungsminister Stănculescu hingegen flog erst spät in der Nacht in die schon brennende Hauptstadt zurück. Sein erster Weg führte ihn in das Militärkrankenhaus in der Ştefan-Furtună-Straße, wo ihm ein befreundeter Arzt einen Unterschenkelgips anlegte. Dann ließ sich Stănculescu, der sich seinem Herrn durch Vortäuschung von Arbeitsunfähigkeit verweigerte, nach Hause chauffieren. In das Parteihaus, das sich in hektischem Krisenmanagement verlor, kam er jedenfalls nicht.[12]

Elena Ceauşescu, die bei den permanenten Besprechungen im ZK-Gebäude mit dabei war, steigerte die Nervosität ins Unerträgliche. Trotz der beschwichtigenden Berichte wurde immer deutlicher, daß sich der nur einen Straßenzug vom Palast der Macht entfernt tobende Protest schwer eindämmen ließ. Die Anti-Ceauşescu-Schreie konnte das Herrscherpaar hinter den Doppelfenstern nicht hören, die Schußsalven müssen aber auch bis an ihre Ohren gedrungen sein.

Schon Minuten nach dem Ende der mißlungenen Jubelkundgebung war auch die wichtige Direktion 5 in »ständige Bereitschaft« versetzt worden. Den »Alarmzustand« hatte man bereits am 17. Dezember verhängt. Mehrere hundert Offiziere dieser neuralgischen Abteilung wurden in dieser Stunde höchster Staatsnot zum Dienst befohlen.

Bereits am Nachmittag war ein Teil der Truppe auch zum Schutz der Villa Primavera, des Privathauses der Ceauşescus, abkommandiert worden. Dort wurden schwere Waffen, AKM-Maschinenpistolen, ausgegeben. Dabei war die Direktion 5 ohnehin mit Makarov-Pistolen bewaffnet, die seit der Revolte in Timişoara auch rund um die Uhr getragen werden mußten.[13]

Da der Diktator sich entschlossen hatte, entgegen seiner ursprünglichen Absicht im symbolischen Zentrum der Macht, dem ZK-Gebäude, zu bleiben, wurden am späten Abend alle Mitglieder der »Leib- und Palastwache« ebenfalls in die Innenstadt verlegt. Ein Teil der regimetreuen Truppe wurde in den verschiedenen Stockwerken des ZK-Hauses verteilt. Ceauşescus Leibwächter Major David, der seinem Herrn unverändert in abgöttischer Gefolgschaft diente, bekam den Befehl, gemeinsam mit einigen seiner Kollegen im Turnus das Tor A, die zentrale

Eingangstür an der Vorderseite des Parteihauses, zu bewachen. An den drei übrigen Eingängen, B, C und D, die sich an den Seitentrakten beziehungsweise an der Hinterfront befinden, wurden ebenfalls bewaffnete Kontrolleure plaziert.

Wohl war dabei niemand: So hatte der Major vor Antritt seines Dienstes, zu dem er wie immer in der khakifarbenen Uniform mit den blauen Kragenspiegeln erschien, von seiner Frau eine alte Jacke mitbekommen. Diese neutrale Kleidung sollte er »im Ernstfall« überstreifen, damit sie ihn vor einem Umsturz und den Folgen schütze. Die Jacke lag fortan ständig neben ihm.[14]

Ein Teil der Dienstnehmer der Direktion 5 wurde hingegen im Laufe der Nacht zur Bewachung des CID (= Centrul de Informaţie şi Documentaţie), des Informations- und Dokumentationszentrums der Securitate, abgestellt. Es befand sich im zweiten und dritten Stock eines unscheinbaren grauen Hauses neben der Cretulescu-Kirche an der Ecke Victoriei-Straße und Platz des Palastes, nur rund 100 Meter vom ZK-Gebäude entfernt, und war die Anlaufstelle des Sicherheitsdienstes. Jede operative Einheit des Apparates mußte innerhalb von 48 Stunden alle Neurekrutierungen und Überwachungen an das CID melden.[15]

Im oberen Stock der versteckten Büros befand sich ein Zentralcomputer der Marke IBM, in dem vorwiegend zwei Arten von Daten gespeichert waren: die Namen aller Mitarbeiter des Sicherheitsdienstes und die aller Regimegegner. Und dieser technische Helfer wurde nun auch unter strenge Bewachung gestellt.

Zusätzlich wurden fünf gut trainierte Männer in dieser Nacht in den linken Trakt des alten Königspalastes beordert, der dem ZK-Gebäude genau gegenüberliegt. Offiziell tagte dort nur der Staatsrat, aber da auch zahllose Geheimabkommen über die gegenseitige Ausbildung von Truppen, unter anderem mit arabischen Staaten, in diesen Zimmerfluchten aufbewahrt wurden, mußte der Palast in Krisenzeiten geschützt werden. Die fünf Securisten bekamen Auftrag, unter Aufsicht eines höheren Offiziers einen Teil der heißen Akten auszusortieren.[16]

Nur rund 100 Meter links vom Parteihaus, im Hauptquartier der Direktion 5, wurden ebenfalls die Wachen verstärkt. Und sogar unter der Erde gab es Alarm.

Das unterirdische Gangsystem, das schon vor mehreren Jahren angelegt worden war, verband das ZK-Gebäude mit dem Königspalast. Der ursprünglich schmale Tunnel wurde im Laufe der Zeit verbreitert und in mehrere Etagen unterteilt. Der neue Stollen wurde zum Atombunker ausgebaut: Im tiefsten Stockwerk wurde ein bürgerliches Schlafzimmer für das Herrscherpaar eingerichtet; darüber befanden sich mehrere Schlaf- und Aufenthaltsräume für Sicherheitsbeamte. Die Nahrungsmittelvorräte, von Fleisch bis zu alkoholischen Getränken, wurden in regelmäßigen Abständen überprüft und erneuert.

Offiziell war dieser Bunker Teil des nationalen Verteidigungsplanes und unterstand der Armee. Er hatte zwei direkte Zugänge. Einer führte vom Parteihaus in die Tiefe, der andere vom Königspalast, wobei in diesem Trakt des Bunkers auch ein Schießplatz lag. Mitglieder der Direktion 5 veranstalteten dort während der langen Dienststunden Schießübungen mit Schalldämpfern.

Im Normalfall trennte eine schwere Stahltür die beiden Teile des Tunnelsystems. Der Atombunker stand der Armee zur Verfügung, der andere, unter dem Königspalast, dem Sicherheitsdienst.[17] An diesem spannungsgeladenen Abend jedoch nahmen Securitate-Offiziere beide

Teile des unterirdischen Systems in Besitz. Damit war der Platz des Palastes ober- und unterirdisch systematisch abgesichert. Diese totale Abschottung des Machtzentrums zeigte, wie besorgt der Apparat war.

Obwohl in der gesetzlosen Praxis der Diktatur alle Offiziere der Direktion 5 ausschließlich dem Herrscherpaar zur Verfügung standen, waren die Männer in eine straffe Struktur eingebunden. Die ausgewählten Offiziere hatten einen präzisen Kampfauftrag, der da lautete: »Unsere höchste Aufgabe ist die Verteidigung des Staats- und Parteiapparates.« Der als Dekret 367 im Jahre 1971 erlassene Befehl diente der Truppe als Arbeitsbasis – unabhängig vom Mann an der Spitze.[18]

Abgesehen davon soll der »Staat im Staat« auch finanziell selbständig gewesen sein. Mehrere Import-Export-Firmen, von denen einige sogar Niederlassungen in westlichen Ländern gehabt haben sollen, führten ihre Erträge angeblich über die »Rumänische Bank für Außenhandel« direkt an die Konten des finanzstarken Sicherheitsdienstes ab.[19]

Daß die Securitate im Notfall auch ohne Ceauşescu funktionieren konnte, dafür sorgten zusätzlich drei Sondereinheiten. Anders als die Direktionen, die hauptsächlich nachrichtendienstliche Aufgaben hatten, handelte es sich hierbei um Kampfeinheiten. So war die »Unitate Militară 0620A« für die Spionageabwehr im eigenen Sicherheits- und Milizapparat zuständig, die militärische Einheit »0195« für die Spionageabwehr im Ausland und die »0110« für die Überwachung der Kontakte zu sozialistischen Ländern. Diese drei Sondereinheiten unterstanden direkt dem Leiter der Securitate, Vlad, der zusätzlich über alle Kommandotruppen verfügen konnte.[20]

Der unnahbare, mächtige Securitate-Chef verbrachte die unheilverkündende Nacht zum 22. Dezember ebenfalls im ZK-Gebäude. Während der Conducator mit hektischen Befehlen an den Militärapparat und seinen gefügigen Verteidigungsminister Milea stur sein eigenes politisches Überleben zu sichern suchte, verteilte der vom mißtrauischen Conducator ausgebootete Vlad die Offiziere der Direktion 5 auf alle strategisch wichtigen Stellungen und Punkte. Er begann das Überleben des Apparats zu sichern.

Eingebunkert in seinem Parteihaus, versucht der an der Macht erkrankte Ceauşescu das Blatt noch einmal zu wenden. Doch die gefährlich ansteigende Flut hat längst alle Dämme zum Bersten gebracht.
Auf der Piaţa Română, nur drei Querstraßen vom »Platz der Macht« entfernt, stellen sich rund eintausend mutige Demonstranten die halbe Nacht den starken Einheiten von Miliz, Securitate und Armee entgegen. Immer wieder werden Rufe nach Freiheit laut, um dann von kräftigen Wasserstrahlen und Gewehrsalven vorübergehend erstickt zu werden. Obwohl der Magheru-Boulevard seit den frühen Abendstunden hermetisch abgeriegelt ist, widersetzt sich – unabhängig von dem einen Protest – zwei Kilometer weiter südlich, auf dem Universitätsplatz, eine zweite furchtlose Menschenmenge der brutalen Staatsgewalt. Dort liefern einige tausend Jugendliche den bewaffneten Einheiten eine regelrechte Straßenschlacht. Kaum weichen die Sicherheitskräfte zurück, preschen die Regimegegner vor. Kaum vertreiben die Bewaffneten, die mit ihren schwarzbemalten Gesichtern ohnehin schon bedrohlich genug aussehen, die mutigen Demonstranten, kommen diese wieder.

»Li-ber-ta-te!«
Die Sportlehrerin Popescu gehört zum harten Kern des Widerstandes, der seit zehn Stunden nicht gewichen ist. Sie muß miterleben, wie sich kurz vor Mitternacht die Einheiten zum frontalen Angriff formieren und dann losfeuern.
Während die junge Frau unter der Betontreppe des Nationaltheaters, zwischen Colţea-Klinik und Intercontinental, Schutz sucht, wird unaufhörlich scharf geschossen. Auf ihrer Flucht in eine ruhigere Seitenstraße stößt die völlig verschreckte Daniela Popescu auf einen der wenigen Ausländer, die sich in dieser Nacht des Grauens auf die Straße gewagt haben. Es ist der niederländische Botschafter Coen Stork, den die Sorge um das rebellierende Volk ins Zentrum getrieben hat. Von rumänischen Freunden über die Unruhen auf dem Universitätsplatz informiert, will er sich persönlich einen Eindruck vom Geschehen verschaffen.
Der unkonventionelle Diplomat war erst im Februar 1989 nach Bukarest versetzt worden. Schon bald nach seiner Ankunft half er dem Dichter Mircea Dinescu, ein regimekritisches Interview in der französischen Tageszeitung »Libération« zu veröffentlichen. Bereits Tage vor Erscheinen des heimlich aufgezeichneten Gesprächs in der Hinterhofwohnung Dinescus in der Strada Bitolia 17 wurde der »Poet des Widerstandes« aus der Partei und dem Schriftstellerverband ausgeschlossen. Stork schmuggelte im Laufe des Jahres immer wieder Manuskripte des Schriftstellers mit der Diplomatenpost in den Westen. Unter anderem wurde mit seiner Hilfe im Spätherbst eine Gedichtsammlung Dinescus auf dem Umweg über einen polnischen Diplomaten in die Bundesrepublik gebracht. Die angesehene »Frankfurter Allgemeine Zeitung« hat sie

dann im Dezember veröffentlicht, nur zwei Wochen vor Ausbruch der Unruhen.

Anders als viele westliche Vertreter setzte sich der engagierte Diplomat unermüdlich für den demokratischen Widerstand ein. Die versteckten Warnungen des rumänischen Außenministeriums, daß er den »falschen Umgang« pflege, ließ Stork mit unbeweglicher Miene über sich ergehen. Im Juli, fünf Monate vor der Revolution, fuhr er zu Doina Cornea, dem »Gewissen Rumäniens«, nach Cluj. Die zierliche Sprachlehrerin hatte im März 1989 einen ersten flammenden Appell an den Westen gerichtet.[21]

Als Stork, wieder mutiger als die meisten Diplomaten, in die von Geschrei und Rauch erfüllte Innenstadt kommt, versperren ihm mehrmals Uniformierte den Weg. Einige der Kontrolleure, Männer mit verschmierten Gesichtern, riechen scharf nach Schnaps. Im Schutz eines Hauseinganges muß der Botschafter mit ansehen, wie schwerbewaffnete Einheiten friedliche Demonstranten über den Republicii-Boulevard, der vom Universitätsplatz in Richtung Westen verläuft, jagen.

Um drei Uhr morgens, als die Proteste endgültig aufgelöst sind, gleicht die Innenstadt von Bukarest einem schwer umkämpften Schlachtfeld. In der Alexandru-Zahia-Straße, wo die Truppen hilflose Demonstranten bis in die letzte Ecke verfolgt haben, brennen mehrere Autos wie Fackeln. Am Betonsockel auf der Piaţa Română klebt Blut.

Die Fensterscheiben des Büros der österreichischen Fluglinie AUA, schräg gegenüber dem Hotel Intercontinental, sind zertrümmert. Auf dem Gehsteig vor der Sala Dales, einer Veranstaltungshalle, erinnert eine schmutzige, zer-

fetzte Fahne, aus der das Staatswappen herausgeschnitten ist, an den Aufstand der Jugend von Bukarest.
Gegen vier Uhr beginnen staatliche Reinigungskommandos die Spuren der grausamen Nacht zu verwischen.
Der völlig verdreckte und blutige Universitätsplatz wird abgespritzt. Die Reste der zerstörten Dacias versteckt man in Seitenstraßen. Für einige Stunden kehren in Ceauşescus Hauptstadt wieder Ruhe und Ordnung ein.
Der Preis dafür: 91 Tote und Hunderte Verletzte.[22]

Tatort ZK-Gebäude

Verrat auf Raten

Der Führer begann den nächsten Tag damit, daß er in seinem ZK-Bunker nach aktuellen Lageberichten verlangte, die seine Stimmung noch verschlechterten. Der Widerstand hätte sich schon am frühen Morgen erneut formiert, teilte man ihm mit. Wieder bildeten sich Menschentrauben im Zentrum. Uneinsichtig bestellte Ceauşescu daraufhin »alle« zum Rapport und befahl, den Protest mit aller Gewalt niederzuschlagen.

Der gehorsame Milea eilte in die Militärsektion in den sechsten Stock, in der die zentrale Telephonanlage des Parteihauses untergebracht war. Dort angekommen, begann er die absurden Befehle seines unnachgiebigen Herrn weiterzuleiten. Im Beisein mehrerer Zeugen ließ er sich zuerst mit der Stabsstelle des Verteidigungsministeriums, im Bezirk Drumul Taberei, im Westen von Bukarest, verbinden. Den Operationschef General Eftimescu, der für die Koordinierung sämtlicher Militäreinheiten zuständig war, wies Milea an, die Armee auf die Straße zurückzubeordern. Zwischenzeitlich versuchte Milea seine Familie telephonisch vor einer herannahenden Katastrophe zu warnen. Doch er konnte niemanden erreichen.[1]

Gegen 8.30 Uhr peitschte plötzlich ein Schuß durch die stillen Korridore der Parteizentrale. Die Sicherheitskräfte rannten aufgeschreckt zum Arbeitszimmer des Diktators im ersten Stock, aber sie wurden durch einen knappen Funkspruch beruhigt. Über die Walkie-talkies, mit denen die Securisten untereinander in ständigem Kontakt standen, kam indirekt die Erklärung, wen der Schuß getroffen hatte: Es wurde befohlen, »einen Wagen für Milea« bereitzustellen.[2]

Major David hatte gerade einen morgendlichen Rundgang durch die Räume des Erdgeschosses im ZK-Gebäude beendet, als ihn diese Order aus der Routine riß. Minuten später wurde der Ceauşescu ergebene Milea schwerverletzt durch den hinteren Eingang D getragen, in ein Auto verfrachtet und in das Militärkrankenhaus gebracht. Der Abtransport des verwundeten Ministers wurde von Hauptmann Constantin Pîrcalăbescu, der erst zwei Wochen zuvor an die Spitze der Patriotischen Garden gesetzt worden war, organisiert.[3]

Danach überstürzten sich die Ereignisse. Der staatliche Rundfunk meldete eine knappe Stunde später, daß Verteidigungsminister Vasile Milea »Selbstmord verübt« habe. Er habe, so das offizielle Kommuniqué, »Falschinformationen« weitergegeben und sei als »Verräter entlarvt« worden.

In Wahrheit war der verratene Milea zu diesem Zeitpunkt noch am Leben. Eine Neun-Millimeter-Kugel hatte sein Herz von rechts nach links und leicht von oben nach unten durchbohrt. Brandstellen waren um die Einschußwunde herum nicht festzustellen, was darauf schließen ließ, daß der Schuß aus einiger Entfernung abgegeben worden war. Die Notärzte im Militärkrankenhaus versuchten noch, den Schwerverletzten zu operieren.[4]

Im ZK-Gebäude wurde der Tod des Ceauşescu ergebenen Ministers vollkommen übergangen. Niemand wagte es, den Conducator über die Widersprüche, den kaltblütigen Mord und die verfrühte Todesnachricht aufzuklären. Ceauşescu verlor mit dem treuen Milea ein weiteres Stück Macht. Doch er merkte es nicht. Schritt um Schritt wurde der Apparat selbständiger.
Securitate-Chef Julian Vlad entzog im Laufe des Vormittags seinen Direktionen, vor allem den Offizieren der Direktion 5, die in den Machtzentren um den Platz des Palastes verteilt waren, den Schießbefehl.[5] Allen Einheiten des Dienstes wurde zugleich aufgetragen, nur die eigenen Stützpunkte weiter zu sichern. Zusätzlich ließ Vlad auch die Wachen bei der TV- und Rundfunkanstalt verstärken. Wie schon am Vortag wurden sechs weitere Offiziere in die Fernsehzentrale und fünf in die Radiostation entsandt. Oberst Florean Lăzărescu, Chef der »technischen Sektion« der Direktion 5, mußte auf höheren Auftrag hin mehrere Lautsprecheranlagen auf den Platz des Palastes schaffen.

Während so der Sicherheitsdienst dem Nachfolger schon mit konkreten Schritten den Weg ebnete, verharrte der Staats- und Parteichef in seinen eingefahrenen Bahnen der Machtausübung. Nachdem er vom Tode Mileas unterrichtet worden war, befahl er dessen Vize, General Stănculescu, zu sich. Dieser stellte sich gegen halb zehn Uhr endlich seinem irritierten Herrn.
Vor seinem Pflichtbesuch im ZK-Gebäude hatte auch Stănculescu konkrete Maßnahmen getroffen, damit die Armee, die unter Ceauşescu bespitzelt und überwacht worden war, in dem drohenden Machtkampf aus einer Position der Stärke operieren könne. Er entsandte seinen

Mitarbeiter und Vertrauten Mihai Lupoi in die »Kommandozentrale moderner Kultur«, die Fernsehstation. Lupoi, der 33jährige Sproß einer angesehenen Offiziersfamilie, war von Beruf Bauingenieur und im Vorzimmer des Vizeministers tätig. Er war für den heiklen Auftrag im Fernsehen schon deshalb der optimale Mann, weil er einige Zeit als Untergebener von Oberst Lăzărescu in der technischen Sektion der Direktion 5 die mächtige Securitate von innen her kennengelernt hatte. Als Reservehauptmann war er aber auch mit dem Armee-Apparat bestens vertraut.[6]

Inzwischen begrüßten die Vasallen des ungeduldigen Herrschers, der noch in den Kleidern des Vortags – dem schwarzen Anzug und einem ehemals blütenweißen Hemd – steckte, Victor Stănculescu, den vermeintlichen Retter. Der Vizeminister präsentierte sich seinem Vorgesetzten zum erstenmal in seiner Karriere in Zivilkleidung. Sein Auftreten war auch aufgrund des Gipsverbandes, den er seit der vorhergehenden Nacht trug, sichtlich unbeholfen.

»Was ist los?« bedrängte der Diktator Stănculescu.

Nach kurzem Zögern konfrontierte der Vizeminister Ceauşescu mit der bitteren Wahrheit: »Die Arbeiter sind auf der Straße«, erwiderte er dem verdutzten Despoten, der bis zu jenem Moment überzeugt war, daß ausschließlich Rowdies, gelenkt von ausländischen Provokateuren, gewagt hatten, sich gegen ihn zu erheben. Der Staats- und Parteichef reagierte dementsprechend ungläubig: »Die Arbeiter?« fragte er.

Elena hingegen stürzte hinaus. »Nu este adevărad!« (»Das ist nicht wahr!«) schrie sie auf den dunklen Korridor.[7]

In den folgenden Minuten bemühte sich Stănculescu, den verwirrten Herrscher zur sofortigen Flucht zu überreden.

Er schlug vor, die gesamte Machtelite per Hubschrauber vom Dach des ZK-Gebäudes zu evakuieren. Aber Ceaușescu lehnte ab.
Immer noch von sich überzeugt, betrat er mit einem schwarzen Megaphon in der Hand den Balkon. Noch einmal wollte er auf das Volk einwirken. Unten, auf dem Platz des Palastes, standen zahlreiche kleine Menschengruppen. Doch bevor Ceaușescu sie ansprechen konnte, wurde er von einem Securisten in das Kabinett zurückgezerrt.

Fünf Stockwerke über dieser makabren Szene, in der Militärsektion, entschied Stănculescu inzwischen bereits über den Kopf des ohnmächtigen Diktators hinweg. Exakt um halb elf Uhr stornierte er den Aufmarschbefehl des ermordeten Verteidigungsministers Milea. Er ließ Operationschef Eftimescu in Drumul Taberei alle in der Innenstadt postierten Einheiten anweisen, jede Konfrontation mit den Demonstranten zu vermeiden und sich außer Sichtweite der aufgebrachten Menge zurückzuziehen. Vom Flughafen Otopeni ließ er mehrere Hubschrauber in Richtung Parteihaus starten.
Ein Securist wurde abgestellt, um auf dem rechten Flachdach des Gebäudes die herannahenden Maschinen zu dirigieren, denn Stănculescus Plan war riskant: Nie zuvor war eine solche Landung unternommen worden. Ausschlaggebend für diese gewagte Entscheidung war jedoch nur, daß die unterdrückte Bevölkerung die Flucht des gefürchteten Tyrannen mit eigenen Augen verfolgen sollte.[8]
Sowohl der Diktator als auch sein engster Kreis waren völlig überrascht, als Securisten und Generäle zur überstürzten Flucht drängten. Die Hektik im Arbeitszimmer

stieg ins Unermeßliche. Während eine völlig aufgelöste Elena noch in letzter Minute Papiere und Privatbesitz in einen schwarzen Koffer stopfte, wurden mehrere Offiziere der Direktion 5 angewiesen, die beiden Aufzüge im Haupttrakt zu blockieren. Major David stoppte den Lift, der schräg gegenüber dem Kabinett lag. Nach hitzigen Diskussionen wurde das Herrscherpaar zuerst auf den Korridor hinausgebracht, wo Elena von General Stănculescu mit leisen Worten beruhigt wurde.

Um 11.15 Uhr betraten die beiden Ceauşescus, Emil Bobu, Vizepremier Mănescu sowie zwei Leibwächter einen der beiden bereitgehaltenen Aufzüge, um aufs Dach zu fahren. Im anderen verschwanden Securitate-Chef Vlad und Innenminister Postelnicu – nach unten. Die übrigen Anwesenden eilten in Richtung Stiegenhaus, um sich in Sicherheit zu bringen. Während das getäuschte Paar und seine Begleiter auf dem Weg zum Flachdach 20 Minuten lang im »defekten« Lift steckten, verabschiedete sich ihr raffinierter Fluchthelfer Stănculescu. Er verließ das ZK-Gebäude durch das hintere Tor D, vor dem ein Dienstwagen mit laufendem Motor auf ihn wartete.

Daß die gemeinsame Flucht der Machtclique nicht stattfinden werde, bemerkten der allein gelassene Herrscher und seine Frau erst, als sie schließlich auf der Dachterrasse des Parteihauses standen. Außer einigen niedrigrangigen Securisten war niemand da. Nach einigen Minuten stieg lediglich Ceauşescus treuer Diener David außer Atem durch eine enge Luke. In der irrigen Hoffnung, sich mit dem Conducator retten zu können, war er zu Fuß über das enge Stiegenhaus auf das Dach gehastet.

Ungeduldig wies Ceauşescu den Major an, ihm den Weg zum wartenden Hubschrauber zu sichern. David gehorchte erneut und lief gebückt und mit gezückter Waffe

in Richtung Helikopter, der am äußersten Rand der Plattform mit laufenden Rotoren wartete. Am Steuer der Maschine des Typs »Delfin 230« saßen, bereits nervös, Vasile Măluţan, der Chefpilot des Conducators, und ein Mechaniker. Nachdem der ursprüngliche Befehl, mehrere Hubschrauber zu entsenden, mit einer zweiten Order wieder rückgängig gemacht worden war, stand nur der weiße »Delfin 230« zur Verfügung.
In höchster Erregung bestand Ceauşescu darauf, daß die beiden Leibwächter Raţ und Ruso sowie Bobu und Mănescu mitkommen müßten. Major David, der bis zur letzten Minute gehofft hatte, sein Herr würde sich auch seiner erbarmen, mußte tatenlos zusehen, wie sich die sechs Auserwählten in die enge Maschine quetschten.
Plötzlich, während der Hubschrauber noch knatternd und ratternd in den nebligen Himmel aufstieg und dabei wegen des Übergewichts fast außer Kontrolle geraten wäre, tauchten am anderen Ende des breiten Daches mehrere Gestalten auf. Stürmisch schwenkten sie eine Fahne und schrien dem flüchtenden Despoten mit geballter Faust nach.[9]

Der gelenkte Widerstand

Etwa eine halbe Stunde nach der übereilten Flucht des Conducators drehte und drückte in der verwaisten Militärsektion des Parteisitzes der Elektrofachmann Leon Nica die zahllosen Knöpfe der Telephonanlage. Nach einigen Minuten brachten seine geschickten Finger eine Verbindung zustande. Er wählte 030, die Nummer der Auskunft. Am anderen Ende antwortete eine weibliche Stimme. Nica, der ehemalige Schreiber zahlloser Protest-

briefe gegen die Willkür, schrie: »Hier ist die Parteizentrale!« Ohne eine Antwort abzuwarten, bestellte er die Entsendung von Telephonistinnen »für den Dienst an der Revolution«.
Nur widerwillig ließ sich die Frau herumkommandieren. Man habe in diesen schicksalhaften Stunden einfach nicht genug Personal, konterte sie. Erst am späten Nachmittag könne der ZK-Besetzer mit Hilfskräften rechnen. »Die Truppen aus Tîrgovişte«, plapperte sie, »sind schon im Anmarsch.« Ihre Warnung war nicht mehr als ein Gerücht, wie so vieles in diesen Tagen.
Unerschrocken organisierte der Elektrofachmann weiter. Als ihn ein Offizier aus den Räumen der Anlage locken wollte, verjagte ihn Nica mit einer deutlichen Drohgebärde. Einem atemlosen Studenten, der herbeigerannt kam, trug er auf, die Kunde von dem unverhofften Sieg per Telephon in den Westen zu übermitteln. Radio Free Europe sollte als erste erfahren, daß es aus und vorbei war mit dem Terrorregime. Leon Nica war sich dessen völlig sicher.

Schon seit dem frühen Morgen hatte der ordnungsliebende Revolutionär der Wende entgegengefiebert. Als er gegen acht Uhr auf den Universitätsplatz kam, lag über dem Schauplatz des nächtlichen Massakers noch unheimliche Stille. In hilfloser Wut hielten sich zahllose Kleingruppen in Häusern und Eingängen verborgen.
Doch in den streng bewachten Betrieben schlug die Duckmäuserei an diesem 22. Dezember plötzlich in Aufbruchstimmung um. Als vor Schichtbeginn Abordnungen der aufständischen Studenten vor den Fabriktoren auf die heranströmenden Arbeiter einredeten und sie um offene Unterstützung anflehten, sprang der Funke über. Zuerst

folgten nur wenige und nur zögernd dem Aufruf zum Marsch auf die Bukarester Innenstadt, doch als der Rundfunk den angeblichen »Selbstmord« des Verteidigungsministers meldete, war es mit der Glaubwürdigkeit des Regimes endgültig vorbei. Groteskerweise erleichterte der Tod jenes Generals, der dem Diktator in hilfloser Hörigkeit gedient hatte, den Umschwung. Tausende und aber Tausende gingen los.

Arbeiter und Studenten kamen als Verbündete in das Zentrum der verfallenden Macht. Sie okkupierten den Universitätsplatz, der für den Verkehr bald unpassierbar wurde. Der Rückzug der Panzer und Armee-Einheiten, die noch auf Befehl Mileas Posten bezogen hatten, war der langersehnte Einsatz zu einem Jubelkonzert. »Armata e cu noi!« (»Die Armee ist mit uns!«) sangen die Demonstranten freudetrunken.

Umarmungen und Verbrüderung folgten. Erleichterte Soldaten küßten hübsche Mädchen und schauten zu, als ausgelassene Jugendliche die Panzer erklommen, die in die Seitenstraßen zurückgerollt waren. Aus U-Bahn-Schächten, Haustoren, Geschäften und Büros strömten Tausende befreiter Bürger und mischten sich in den Freudenzug. Mürrische Nachbarn winkten einander freundlich zu. Frauen lachten und weinten, während Rekruten und Mädchen Arm in Arm über die breiten Boulevards marschierten, die das gewaltlose Volk erobert hatte. Alle Autos in der Bukarester Innenstadt verfielen in ein Hupkonzert.

Bald war auch der ungeschützte Platz des Palastes in der Hand der Menschenmassen. So sahen dann, wie von Stănculescu beabsichtigt, Zehntausende, wie Ceauşescu vom Dach des Parteihauses in einem Hubschrauber in den grauweißen Himmel entschwand.

Der Elektrofachmann Leon war mit der ersten Welle der Revolution durch die weit offenen Türen ungehindert in das Parteihaus eingedrungen. Das Erdgeschoß glich einem Feldlager, das in aller Eile geräumt worden war. Überall lagen Essensreste und halbleere Flaschen herum. Im ersten Stock erregte ein rot leuchtender Telephonknopf die Aufmerksamkeit des neugierigen Leon. Er wollte herausfinden, wer das unübersichtliche Labyrinth so kurz nach der Eroberung schon ausgeforscht hatte. Doch im sechsten Stock, in der Militärsektion, fand er keine Menschenseele.

Nachdem er das verschlafene Telephonamt von Bukarest auf Revolutionskurs gebracht hatte, sah sich der kühne Nica weiter um. Viele Räume waren fest verschlossen, aber in einem der versteckten Kabinette stieß er auf mehrere Uniformierte, die unbeirrt vom Revolutionschaos telephonierten und kommandierten. Ein freundlicher Oberst verbündete sich mit dem Revolutionär und schenkte ihm ein Funkgerät.

Im ersten Stock, im Zimmer 119, entdeckte Nica zurückgebliebene Vertreter der alten Macht. Ilie Verdeţ, einer der Vizeministerpräsidenten, beriet sich mit Dăscălescu in aller Heimlichkeit bereits über die Zukunft des führerlosen Landes. Wie der wachsame Elektrofachmann gesellten sich bald auch einige Studenten als mißtrauische Wächter zu den beiden Veteranen.[10]

Weit mächtigere Repräsentanten des gestürzten Regimes, nichtidentifizierbare Mitglieder der Securitate, regierten hingegen über die langen Korridore. Nach der Flucht ihres Herrn waren die Männer der Direktion 5, die seit dem Vortag das Haus der Macht in »ständiger Bereitschaft« bewachten, im Parteihaus geblieben. Schon während Stănculescu im letzten Stock den Abtransport des Diktators organisierte, hatten Sicherheitsoffiziere in Zivilkleidung um die vier Tore des Parteihauses einen Kordon gebildet.

Nach dem befohlenen Rückzug der Panzer vom Platz des Palastes hatten die Securisten die heranströmende Bevölkerung in kleinen Gruppen näher gelockt. Als die letzten Vorbereitungen für die Ceauşescu-Flucht abgeschlossen waren, ließen sie die stürmischen Massen in das Heiligtum der roten Macht. Ein erster Schub durfte kurz vor zwölf Uhr mittags durch zwei der insgesamt vier Tore in das ZK-Gebäude. Um halb drei öffneten die Gralshüter des Regimes zum zweitenmal die Portale.[11]

Während die Securitate aus dem Hintergrund agierte, verfielen echte und vermeintliche Revolutionäre in einen unfaßbaren Siegestaumel. Innerhalb von zwei Stunden glich das Parteihaus einem Rummelplatz. Die Propagandaschriften des Gestürzten flogen in hohem Bogen vom Balkon, wo sich zu den Gruppen der Aufständischen auch die anonymen alten Unterdrücker gesellten. Schubladen wurden geleert. Fenster und Wasserrohre zerbrachen unter den Schlägen und Tritten einiger Übermütiger. Manche suchten nach geheimen Staatsdokumenten.

»Zerstört nicht die Beweise!« warnten andere bemühte Revolutionäre. Doch streng vertrauliche Akten oder Abkommen wurden bei der hektischen Hausdurchsuchung ohnehin nicht gefunden. Die meisten Schränke waren leer.

Unterdessen füllte sich draußen der Platz. Aus den Zehntausenden wurden hunderttausend. Die freudestrahlende Sportlehrerin Daniela Popescu wurde von den Massen regelrecht in das Zentrum des Aufstands getragen. Eingezwängt zwischen Fremden mit glücklichen Gesich-

tern feuerte sie wie von Sinnen ihre Nachbarn an: »Jos dictatura!« – »Nieder mit der Diktatur!«
Noch am Morgen nach der grauenhaften Nacht der Schüsse und Toten war sie von der gestrengen kommunistischen Mutter unter Hausarrest gestellt worden. Maria Popescu hatte ihrer Tochter verboten, gegen Ceauşescu zu demonstrieren. Doch die Unzufriedene war nicht mehr zu halten gewesen. Mit all den unbekannten Menschen war sie in die Innenstadt gezogen. Die gewaltlose Eroberung des ZK-Gebäudes war der größte Sieg.
In einem haltlosen Freudentaumel ohnegleichen wurden an diesem Nachmittag alle augenfälligen Stützpunkte des alten Regimes vom Volk besetzt. Doch obwohl die Massen die Freiheit bejubelten, beklatschten und besangen, wurde ihre spontane Revolution von der Securitate genauestens kontrolliert und gelenkt. Es waren Mitglieder des Sicherheitsdienstes, die nach dem bewährten Muster der Stürmung des ZK-Hauses auch die Türen der Fernsehstation, des Rundfunks und sogar des Innenministeriums wie eine Schleuse öffneten und wieder schlossen.[12]

Aufstand mal zwei

»Wir sind die Revolution!«

Innerhalb weniger Stunden wurden an diesem 22. Dezember 1989 in den bis dahin zur Friedhofsstille gezwungenen Provinzstädten Cluj, Tîrgu Mureş, Oradea, Arad und Sibiu aus eingeschüchterten Untertanen freie Bürger. Noch am Vortag hatten in den meisten Orten des Landes lediglich kleine Gruppen von Regimegegnern gewagt, sich zu verhaltenem Protest zu sammeln.[1]

Wieder war die Stadt der Helden, Timişoara, allen anderen einen Schritt voraus. Schon Stunden bevor der Diktator geflohen war, bekannte sich auf dem Balkon des Opernhauses der rebellische Oberst Oancea offen gegen den angeschlagenen Machthaber. Mit einem unüberhörbaren »Jos Ceauşescu!«-Ruf verbrüderte er sich mit den Zehntausenden, die unten auf dem Platz frohlockten. Nach seinem bejubelten Bekenntnis wurde er, des Hochverrats beschuldigt, von Guşe für zwei Stunden unter Arrest gestellt. Als sich die Meldungen aus Bukarest überstürzten, trieb es freilich auch den schwankenden Generalstabschef in die Hauptstadt. Der erlöste Oancea kehrte an die Seite seiner neuen Freunde zurück.[2]

Andere übereifrige Revolutionäre aus dem aufgewühlten

Timişoara hingegen fielen auf das Verwirrspiel um falsche Tote und verschwundene Leichen herein. Um die Mittagszeit wurde auf der Suche nach den Opfern der Revolte der verlassene »Cimitirul Săracilor«, der Armenfriedhof der Stadt, gestürmt.
Er war die letzte Ruhestätte für Außenseiter und liegt an der Calea Lipovei, einer der wichtigen Durchfahrtsstraßen. Sein altes Eisentor ist so rostig, daß es nicht geschlossen werden kann, so daß die Bewohner der umliegenden Häuser um den »Vampirfriedhof« meistens einen großen Bogen machen.
Nun wurde auf dem so gespenstischen Armenfriedhof plötzlich nach verschwundenen Opfern der Unruhen gegraben. Bald hatte man insgesamt 19 Tote ausgescharrt. Eine davon war Christina Steleac, die im Alter von drei Monaten an einer Lungeninfektion gestorben war. Sie lag auf der Leiche von Zamfira Baintan, einer Alkoholikerin, die ihrer Sucht bereits am 8. November erlegen war. Dr. Milan Dressler aus dem Gerichtsmedizinischen Institut der Kreisklinik hatte die Leiche noch obduziert, bevor sie auf den Armenfriedhof gekommen war. Während die verschwundenen Leichen im Krematorium längst verbrannt waren, erkor die Revolution diese falschen Opfer zu den ihren.
Zusätzlich täuschten gewiefte Systembewahrer, die sich unter die Menge mischten, das unwissende Volk. Sie ließen auch Unterlagen über die wahren Opfer der Revolte verschwinden. In der Kreisklinik von Timişoara, in der man am Vortag noch 258 Tote gezählt hatte, »verlor« die Direktion mehr als hundert Krankengeschichten. Am Ende ließ sich nicht mehr feststellen, wie viele Patienten verletzt oder tot eingeliefert worden waren.[3]

Während die übrigen osteuropäischen Revolutionen unbesorgt der Straße die Führung überließen, mißtraute das rumänische Volk überall dem schnellen Tod des perfiden alten Regimes.

Um die verstreuten Aufstände, Straßendemonstrationen und isolierten Freiheitskundgebungen im ganzen Land zu koordinieren und eine Niederlage im allerletzten, entscheidenden Moment abzuwehren, sicherten sich die Überraschungssieger in einem schnellen Vorstoß vor allem die Bukarester Fernsehstation. Dort brach binnen kurzem die Hölle los.

Als erster Prophet der Freiheit trat der Dichter Mircea Dinescu vor die Kamera: »Wir haben gewonnen«, verkündete er mit weitaufgerissenen Augen gegen ein Uhr mittags auch dem letzten verschlafenen Dorf im Land. Da die Klimaanlage im Studio nicht funktionierte, rann dem sprachgewandten Poeten in seinem überlangen, gestreiften Pullover und den Revolutionären, die im Halbkreis um ihn standen, der Schweiß von der Stirn. Temperamentvoll streckte Dinescu Mittel- und Zeigefinger zum Victory-Zeichen geformt in die Kamera.

Nur eine halbe Stunde zuvor hatte ihn der niederländische Botschafter und Dissidentenfreund Stork, der von einer abgebrochenen Nato-Sitzung in der amerikanischen Mission herbeigeeilt war, aus dem neunmonatigen Hausarrest in der feuchten Wohnung, die nahe der TV-Station liegt, befreit. Über das alte Gartentor gebeugt, hatte er dem völlig ahnungslosen Dinescu die Nachricht von der Flucht des Tyrannen überbracht: »C'est fini, Mircea!« hatte der Diplomat unstandesgemäß gerufen, es ist vorbei!

Zwei mürrische Securisten, die noch stur vor dem Zaun wachten, blickten während der darauffolgenden Umarmungen zwischen Dichter und Diplomat verlegen zu Boden. Die zierliche Frau des schreibenden Dissidenten, Tochter einer Russin und eines Ungarn, weinte vor Freude.

Bald hatten Demonstranten, die in Richtung Fernsehstation zogen, den entfesselten Dinescu, der auf die Straße gelaufen war, erkannt. Auf den Schultern der Rebellen zog er, einem siegreichen Feldherrn gleich, in das Studio 4 ein. Dort eröffnete er aufgrund seiner nahen Adresse den emotionsgeladenen Reigen von Dichtern und Denkern: »Die Armee soll uns Hubschrauber und Flugzeuge zur Verfügung stellen, damit alle hohen Persönlichkeiten ins Fernsehen kommen können«, verlangte Dinescu, der so aufgeregt war, daß er seine Erklärungen von einem Spickzettel ablesen mußte.

Einer unaufhaltsamen Lawine gleich, stürzten Schauspieler wie Ion Caramitru und Mircea Diaconu in den dampfenden Regieraum. Verzweifelte Techniker und überforderte Journalisten gaben sich unterdessen die Klinke in die Hand. Die bläßlichen Dissidenten Radu Filipescu und Mihai Băcanu kamen beide direkt aus dem Securitate-Gefängnis in die Kommandozentrale der Revolution. Filipescu war erst am Morgen zum x-tenmal verhaftet worden; den Journalisten Băcanu befreite der Aufstand aus seiner einjährigen Haft.[4]

Die »Televiziunea Română«, die in den vergangenen Jahren aufgrund verordneter Sparmaßnahmen täglich nur ein Drei-Stunden-Programm senden durfte, war auf den gewaltigen Andrang weder technisch noch personell vorbereitet. Dementsprechend versank das überfüllte Revolutionsstudio 4, aus dem am Vortag noch steife Nachrichtensprecher die abendliche Propagandashow des Regimes ablieferten, bald in fröhlichem Chaos. Im schnellen Frontenwechsel versuchten die meisten ehemaligen Hofberichterstatter, wie der Journalist Victor Ionescu, das bunte Freiheitsprogramm der Volksmacht tatkräftig zu unterstützen.

Der 50jährige zurückhaltende Ionescu, der wie das gesamte TV-Personal zu gehorsamem Kuschen erzogen worden war, entlud seine aufgestaute Wut, indem er mit anpackte. Seine Frau Elena, verantwortlich für internationale Überspielungen, öffnete inzwischen im 7. Stock des Verwaltungshochhauses, das einige Meter neben dem blockartigen Studiogebäude liegt, der Tele-Revolte ein Fenster in die ganze Welt. Gegen 14 Uhr wurde das Programm der befreiten und auf »Televiziunea Română Liberă« umgetauften Anstalt via Prag und Belgrad nach West und Ost ausgestrahlt.

Nachdem die ersten Bilder dieser einzigen direkt miterlebbaren Ostrevolution übermittelt worden waren, ließ sich das ausländische Publikum für mehrere Stunden in grenzenloser Naivität blenden. Corneliu Mănescu, der ehemalige Außenminister, wurde von den internationalen Agenturen schon als möglicher neuer Präsident Rumäniens gehandelt, obwohl er kein einziges Mal in Erscheinung getreten war. Schwerkrank und gehunfähig verbrachte der geschwächte Diplomat den ganzen Revolutionsnachmittag in seiner Wohnung.

Einer, der ihm ähnlich sieht, der Regisseur und Schauspieler Sergiu Nicolaescu, könnte auf den ersten Blick die einfache Ursache für die seltsame Falschmeldung gewesen sein. Doch Nicolaescu, der mit seinen weißen Haaren und seinem weltgewandten Auftreten im Studio 4 die ganze Welt täuschte, war bezeichnenderweise eng mit dem Verschwörerkreis verbunden. Als Hofregisseur der Armee war er nicht nur mit General Stănculescu bestens befreundet, er gehörte zum Kreis der roten Macht.[5]

Bittere Wahrheit: So eifrig authentische Revolutionäre die schöne Illusion der Aufbruchsstimmung über den Sender trugen, sie handelten unter der Kontrolle übermächtiger Drahtzieher.

Abgesehen von den insgesamt zwölf eingeschleusten Securitate-Offizieren, die an den Glastüren der Kommandozentrale wachten und wie beim ZK-Gebäude der Masse des Volkes den Eintritt verwehrten, wartete im elften Stock des Verwaltungsgebäudes bereits der hohe KP-Funktionär Dan Marţian, der dem eingeschworenen Kommunisten Direktor Petre Constantin zur Seite gestellt worden war. Der undurchsichtige Marţian war von Beruf Lektor und ausgerechnet an der Parteiakademie »Ştefan Gheorghiu«, wo der gewiefte Securist Măgureanu unterrichtete, tätig. Mit Iliescu stand der Propagandalehrer ebenfalls in engem Kontakt. Er war sogar der Nachfolger des Verlagsdirektors im Amt des Ersten Jugendsekretärs im Zentralkomitee gewesen.[6]

Zielstrebig suchte auch General Militaru, der gegen 14 Uhr in der Fernsehstation eintraf und die vor dem Gebäude jubelnden Massen ebensowenig beachtete wie die Dichter und Denker im Studio, zuallererst das Büro des Direktors auf. Der Mitverschwörer Iliescus, der sich seit fünf Jahren im vorzeitigen Ruhestand befand, trug wieder stolz Uniform. Er suchte seine Freunde, die Konspirateure. Nachdem er den unterwürfigen TV-Direktor Constantin beauftragt hatte, Iliescu von seiner Anwesenheit zu verständigen, wagte sich der General ins Herz der »Tele-Revoluţie«, ins Studio 4. Dort erwartete ihn schon sehnsüchtig Mihai Lupoi, ebenfalls in Uniform.

Der von General Stănculescu entsandte Hauptmann hatte

sich bereits unverhohlen ins Programm hineingedrängt. Ganz im Gegensatz zu der übrigen Schar, die mit poetischem Optimismus die Zukunft beschwor, hatte er mit einem trockenen Appell die erst zwei Stunden junge Revolution zur Räson gerufen: »Bewahrt Ruhe!« verlangte Lupoi kurzatmig. »Wir brauchen Zeit, um uns zu organisieren.« Und: »Es darf keinen Vandalismus geben«, warnte er die Bevölkerung via Bildschirm, bevor er der alten Macht, der ohnehin keinerlei Sanktionen drohten, zu Hilfe kam: »Zivilisten!« sagte der Hauptmann, »rächt euch nicht an der Armee und der Securitate.«

Nachdem sich auch der General mit einem ähnlichen Beschwichtigungsappell stotternd an das Volk gewandt hatte, stürzte der atemlose Petre Roman in die umlagerte Fernsehanstalt. Bekleidet mit einer schwarzen saloppen Jacke wollte der extrem aufgeregte Liebling der Nomenklatura seine kurze Botschaft dem Land aber nicht einmal live übermitteln.

Er hatte sie schon kurz nach 13 Uhr im Studio des Tyrannen, im Keller des ZK-Gebäudes, aufzeichnen lassen und dabei ebenfalls eine schriftliche Gedächtnisstütze gebraucht. Vor seiner Rede hatte man den kahlen Hintergrund des ehemaligen Herrscherstudios notdürftig mit einer rumänischen Flagge drapiert. Nach einigen bemühten Versuchen, den auf dem Platz des Palastes versammelten Menschenmassen Iliescu als neuen Mann und Ceauşescu-Nachfolger zu empfehlen, ließ Roman sich samt Videokassette zum Fernsehen bringen.

Niemand aus dem Publikum bemerkte den geschickten Trick. Um halb drei Uhr ließ Roman seine vorbereitete Rede in das Programm einspielen – so, als wäre er selbst vor der Kamera: »Landsleute, Brüder!« verkündete der Universitätsdozent, »heute, am 22. Dezember, wurde durch die Einheit unseres Volkes und mit Hilfe der Armee der Diktator gestürzt.« Nach dieser dramatischen Einleitung rief auch Roman wie die übrigen Mitverschwörer zur Besinnung auf: »Im Namen jener, die am Platz des Palastes demonstrieren und das Zentralkomitee unter Kontrolle halten, bitten wir euch, Ruhe und Ordnung zu bewahren!«[7]

Nur eine Viertelstunde nach dem fingierten Live-Einstieg des dritten Beschwichtigers kam endlich das Haupt der Gruppe: der ungeduldig erwartete Iliescu. In einem machtpolitisch intelligenten Schachzug hatte er sich in den Stunden davor bereits die Befehlsgewalt über den herrenlosen Apparat gesichert, lange bevor er sich dem Volk stellte.

Heimlich, aber äußerst selbstsicher hatte sich der Verlagsdirektor mit der Securitate und der Armee in Verbindung gesetzt. Von einem Büro im Verteidigungsministerium aus, das in direkter Telephonverbindung mit allen Stabsstellen des alten Regimes stand, koordinierte er über den Apparat 261 des sogenannten »telefon scurt«, des Kurztelephonsystems, das ausschließlich der internen, abhörsicheren Nachrichtenübermittlung diente, Generäle und Securisten. Ohne jede Absprache mit dem revolutionären Volk hatte er die Elite des Sicherheitsapparates zu einem baldigen Treffen einberufen. »Es ist ein Machtvakuum entstanden«, belehrte der Direktor einen der Geladenen, »wir müssen ein provisorisches Organ schaffen.« Die wichtige Tagung wurde für 15 Uhr im Büro des Verteidigungsministers angesetzt. Erst dann kam er in die TV-Zentrale und trat vor die Kamera.[8]

Seine Ansprache geriet entlarvend: »Tovarăşi!« (»Genossen!«) begrüßte er sein Publikum, das eben erst befreite Volk. Nach dieser verräterischen Entgleisung, die er bei seinen nächsten Auftritten vermied, wetterte Iliescu gute 20 Minuten vorwiegend gegen seinen ehemaligen Förderer, den Conducator. Er habe »sich des schrecklichen Mordes am Volk schuldig gemacht«. Er sei ein Mensch »ohne Herz, ohne Seele, ohne Hirn und ohne Gedächtnis, der nie nachgeben wollte und das Land mit mittelalterlichen Methoden regierte«. Nachdem er mit deutlichen Worten dem Diktator, dem »Hauptschuldigen«, alle Untaten des jahrzehntelangen Regimes zugeschoben hatte, begann er die Securitate vorsichtig reinzuwaschen. Sie sei, beschwichtigte Iliescu, »zu diesen fürchterlichen Morden gezwungen worden«.

Mit einer gewissen unruhigen Zurückhaltung kündigte der KP-Funktionär die baldige Gründung eines »Komitees zur Nationalen Rettung« an, das, so auch Iliescu, »Ordnung schaffen soll«. Zur Konstituierung der Vereinigung bitte er »alle Verantwortlichen, die beim Wiederaufbau helfen wollen, um 17 Uhr ins ZK-Gebäude zu kommen«.

Eine halbe Stunde später trat er noch einmal vor die Kamera. Wieder richtete er einen drastischen Ordnungsruf an die Bevölkerung. Im selben Atemzug beruhigte er seine verunsicherten Parteigenossen, indem er künftigen und vergangenen Konkurrenten jede Existenzberechtigung absprach: »Wir dürfen uns nicht mehr durch selbsternannte Führer, die sich als Kommunisten bezeichneten, irreleiten lassen. In der Vergangenheit haben sie dem Ruf der Kommunistischen Partei Rumäniens geschadet und auch jenen, die ihr Leben für den Sozialismus in diesem Land geopfert haben.«[9]

Als Iliescu nach dieser Präsentation seines Weltbildes in den überfüllten Kontrollraum zurückkehrte, erstarrten die schockierten Dichter und Denker in eisigem Schwei-

gen. Sanft lächelnd ging der Verlagsdirektor an ihnen vorbei. Zu seinen Begleitern hatte sich inzwischen auch der Parteitheoretiker Brucan gesellt. Den sprachlosen Verlierern kündigte sich in der Geschlossenheit der Genossen schon ihre traurige Niederlage an.
Nur Minuten nachdem der Kommunist dem Land vorerst seine Führung aufgedrückt hatte, wurden die unorganisierten Intellektuellen mundtot gemacht. Auf Anweisung von oben – vom gefügigen Direktor im elften Stock und seinem Parteibonzen Marţian – wurde die farbenfrohe Revolutionssendung gegen halb vier Uhr für eineinhalb Stunden unterbrochen. Die offizielle Erklärung: Die Kameras seien heißgelaufen und brauchten eine Pause.[10]

In der Zwischenzeit demonstrierten die Revolutionäre auf dem Platz des Palastes unbehindert weiter für die Freiheit. Aus den hunderttausend wurde ohne erkennbare Regie eine fordernde Volksmacht.
Während unter lauten »Jos Ceauşescu!«-Rufen ein jugendlicher Demonstrant einen alten Schuh über die Köpfe der dichtgedrängten Menschenmassen schwenkte und so den ehemaligen Schusterbuben Ceauşescu verhöhnte, skandierten andere Gruppen den Namen der verjagten Herrscherin. »Wo ist die große Wissenschaftlerin?« fragte einer. Er erntete schallendes Gelächter. »Der Tyrann wird Silvester im Grab feiern«, prophezeiten vereinzelte Stimmen. Als ein mehrere Meter hohes Ölgemälde, das den Conducator als gütigen Landesvater zeigte, aus einem Fenster des zweiten Stockes des Parteihauses geworfen wurde und auf dem Asphalt zu Bruch ging, jubelten die Massen.
Auf dem südlichen Teil des Platzes beobachtete, geduckt und geschoben von der Menge, eine überglückliche Da-

niela Popescu das herzerfrischende Spektakel. Zwischendurch hatte sie ihre Mutter, die kompromißlose Kommunistin, angerufen, um ihr den Sieg der Revolution zu verkünden. Maria Popescu vermochte kaum zu antworten, so groß war ihre Angst vor einem radikalen Umsturz, der sie unter anderem die sichere Stelle im Innenministerium kosten konnte. Aus Furcht vor dem neuen Wind wagte sie sich nicht ins Zentrum. Sie blieb in ihrer trostlosen Kleinwohnung.

Immer selbstbewußter wurden hingegen jene, die den Platz des Palastes erobert hatten. Allen Demagogen und heimlichen Verführern, die vom Balkon des ZK-Hauses aus zu ihnen sprachen, demonstrierten sie mit lauten Rufen ihre Kraft. Als ein unbekannter Anwalt anfragte, ob »die Soldaten den Schatz der Nationalbank schützen dürfen«, gab ihm das Volk großzügig die Erlaubnis. Sofort schränkte es aber ein: »Die Securitate darf ihn nicht bewachen.«

Ein weiterer Redner warnte, daß die TV-Station die Bevölkerung irreführe. Die hunderttausend skandierten mit einem lauten Aufschrei: »Wir sind die Revolution!«

Schon gegen 15 Uhr, nur wenige Stunden nach der »Flucht« des Staats- und Parteichefs, tauchten verschiedene Kandidaten auf, um sein Erbe anzutreten. Der Ministerpräsident des Gestürzten, Dăscălescu, war der erste. Er drängte sich in Begleitung des mißtrauischen Elektrofachmanns Leon Nica auf den bis in die letzte Ecke besetzten Balkon. Doch bevor seine Vorstellung beendet war, hatte das wütende Volk gepfiffen und gejohlt. Es wollte den deklarierten Altkommunisten nicht.

Regisseur Alexa Visario, der im Gebäude bereits ein »Komitee der Nationalen Demokratie« gegründet hatte, war

der nächste. Als er den Poeten Dinescu und die allseits bewunderte langjährige Regimekritikerin Cornea aus Cluj als »seine« Präsidenten vorschlug, jubelte ihm das Volk zu. Doch sobald Visario noch einige Kommunisten, »erfahrene Politiker«, auf seine Liste setzen wollte, brüllten ihn die Massen nieder.
Noch einmal versuchte es der unermüdliche Dăscălescu. Er habe in Timişoara mit den Demonstranten verhandelt, wurde er von einem Genossen auf dem Balkon angepriesen. Die Demonstranten lehnten ihn wieder ab.
Unter Ausschluß der Öffentlichkeit hatte als dritter der ehemalige Vizepremier und Ceauşescu-Verwandte Verdeţ einen weiteren Kabinettsvorschlag zusammengestellt und die Liste seiner Männer bereits auf einer alten Schreibmaschine tippen lassen. Wie alle kommunistischen Kandidaten kam auch er damit nicht weit. Verdeţs »Administration« überlebte keine halbe Stunde.[11]
Während draußen auf dem Platz als Antwort auf die Wiederbelebungsversuche des verhaßten alten Systems die dröhnenden Anti-Ceauşescu-Rufe wie in Timişoara in energische Antikommunismus-Parolen umschlugen, formierte sich im Parteihaus eine andere Opposition. Kleine Zellen von wachsamen Jugendlichen und erklärten Konservativen besetzten die Räume. Vom Spätnachmittag an gelang es dem Apparat nicht mehr so recht, die Tore des ZK-Gebäudes abzusichern. Immer mehr Regimegegner drängten nach. Herumspionierende Zivilisten entdeckten Waffendepots und verteilten wahllos AKM-Maschinenpistolen. Als Waffenschein genügte ein Personalausweis.[12]
Nach den gescheiterten KP-Aufgüssen versuchte schließlich auch Dumitri Mazilu, ein verstoßener Ex-Kommunist, der ab 1988 wegen eines in den Westen geschmuggel-

ten Menschenrechtsberichtes sogar unter Hausarrest gestanden hatte, sein Glück mit einer neuerlichen Regierungsbildung.
Der ehemalige UNO-Beamte war in der vorhergehenden Nacht, als die ersten schweren Proteste laut geworden waren, verhaftet worden. Wie die beiden Dissidenten Băcanu und Filipescu wurde er aber um die Mittagszeit überraschend wieder freigelassen. Im ZK-Haus scharte Mazilu innerhalb kurzer Zeit eine Gruppe konservativer Gleichgesinnter um sich. Unter ihnen war auch der Theologiestudent Teodoranu. Mazilu, der sogar mit einem bereits ausgearbeiteten Programm aufgetaucht war, nannte sein provisorisches Kabinett »Nationales Bürgerforum«, in Anlehnung an die Prager Revolutionsgruppe.[13]

Abseits vom Kommen und Gehen kurzlebiger Regierungen auf dem Balkon kümmerte sich Vlad unauffällig um seinen Apparat. Der Sicherheitschef war nur knapp eine Stunde nach dem Verschwinden des Conducators wie aus dem Nichts im ZK-Gebäude aufgetaucht. Im eleganten dunklen Anzug mit schwarzer Krawatte und edler Goldbrille telephonierte er in aller Ruhe und bewegte sich völlig frei zwischen den Revolutionären, die nicht wußten, wen sie vor sich hatten. Vlads eigene Männer verrieten ihn verständlicherweise nicht.
Nur einmal, als man ihm einen verschreckten Gefangenen vorführte, den man aus einer Kammer herausgezerrt hatte, verwandelte sich der ruhige, unscheinbare alte Herr wieder in den Sicherheitschef. Er verhörte den angeblichen »Terroristen«, der völlig verwirrt behauptete, daß am »Donnerstag um 13.30 Uhr ein Befehl ausgegeben« worden sei, mit beinharter Stimme: »Was für ein Befehl?« Außer sich, schrie Vlad: »Warum hast du dich im Ge-

bäude versteckt? Warum hast du dich nicht wie alle anderen gezeigt und gesagt: Ich schieße nicht auf das Volk!«
Nach dieser kurzen, eigentümlichen Szene verfiel der Sicherheitschef wieder in langes Schweigen. Erst gegen 17 Uhr beauftragte er einen seinen Mitarbeiter, Iliescu in das ZK-Gebäude zu bringen.[14]

Endstation Angst

Oberst Vasile Măluţan hatte seinen Auftrag, das Ehepaar Ceauşescu vom Dach des ZK-Gebäudes auszufliegen, erfüllt. Nur gute zwei Stunden später entledigte er sich jedoch der Verantwortung. Kurz vor 14 Uhr, während im Parteihaus die junge Revolution und die alte Securitate gegeneinander regierten, setzte er seine heiße Fracht wieder ab. Während der Chefpilot des Conducators dann mit dem Hubschrauber zu seinem Heimatflughafen Otopeni zurückkehrte, wurde sein Herr mit Gattin auf dem Militärflughafen Titu, im Norden von Bukarest, festgenommen.
Die Stationen der Irrfahrt: Nach dem Start von der Dachterrasse des ZK-Gebäudes hatte der ahnungslose Ceauşescu den Piloten angewiesen, in Richtung Otopeni zu fliegen. Dort stand normalerweise ein Teil der sogenannten »Flotte 50«, mehrere Hubschrauber und zwei Flugzeuge des Typs Boeing 707, zu seiner ständigen Verfügung. An diesem 22. Dezember war, durch puren Zufall, eine der beiden Regierungsmaschinen zur Überholung in der Lufthansa-Werft in Hamburg-Fuhlsbüttel. Die zweite, mit der Ceauşescu noch zwei Tage zuvor aus dem Iran zurückgekehrt war, konnte nicht benützt werden, da sie von mehreren Wagen umstellt war. Damit war der

Fluchtweg ins Ausland abgeschnitten. Als Ceauşescu die Situation erkannte, ließ er sich nach Snagov, zu seinem Sommersitz, fliegen.

Dort führte er mehrere hektische Telephonate. Nichts wollte ihm gelingen. Da seine Frau Elena auf Weiterflug drängte, wurde der »Delfin 230« neuerlich startklar gemacht. Während das Ehepaar zusammen mit den beiden Leibwächtern wieder in den Hubschrauber stieg, zogen es Bobu und Mănescu, die beiden Getreuen, vor, zurückzubleiben. Eine halbe Stunde später wurden sie in der Villa verhaftet.

Noch bevor der Diktator, der offenbar immer unruhiger wurde, von seinen Bewachern auf den Militärflughafen in die Falle gelockt wurde, war der Helikopter permanent unter Kontrolle. Er bewegte sich nur im Nordosten von Bukarest, wo der Luftraum auch wegen des Flughafens Otopeni überwacht wird.

Als das Paar schließlich festgenommen wurde, ließ man es weiter in dem trügerischen Glauben, daß es zu seinem Schutz abgeschirmt werde. Sogar als die Ceauşescus in eine der beiden Kasernen in die Kreisstadt Tîrgovişte verlegt wurden, redeten ihre Bewacher, Securisten und Soldaten, beruhigend auf sie ein. Man müsse abwarten, sagten sie, bis sich die Lage normalisiere.

Tatsächlich war nur fünf Stunden nach dem Abflug aus dem Bukarester Zentrum die kurze, absurde Odyssee zu Ende. Im besetzten ZK-Gebäude traf ein Telegramm folgenden Inhalts ein: »Genosse und Genossin Ceauşescu sind in Tîrgovişte festgenommen worden.«[15]

Frontgespräche

Bei Einbruch der Nacht landeten auf dem Bukarester Flughafen Otopeni die ersten westlichen Journalisten. Georges Merillon, einem kriegs- und krisenerfahrenen Mitarbeiter der angesehenen französischen Photoagentur »Gamma«, gelang es, auf der Linienmaschine der »Air France« in die seit vier Tagen isolierte Stadt hineinzuschlüpfen. Die alte Staatsmacht befand sich in voller Auflösung. Der Photograph passierte die Zoll- und Paßkontrollen ohne die geringsten Schwierigkeiten. Nach ihm trafen noch Dutzende Kollegen in gemieteten Privatmaschinen aus London, Paris, Wien und Belgrad ein.

Eines der Fernsehteams, das es in für Reporter gewohnter Hektik nach Bukarest trieb, arbeitete für den französischen Privatsender »La Cinq«. Der 43jährige Patrice Du Tertre, der abgebrühte Kriegskameramann der Anstalt, hatte seinen Kollegen und Freund, den erst 31jährigen Jean-Louis Calderon, zu dem aufregenden Blitzeinsatz überredet. Die beiden Haudegen hatten bereits zahlreiche Reportagen gemeinsam überstanden.

Als sie die rumänische Hauptstadt erreichten, hatte der Diktator im Westen bereits einen beispiellosen Imagesturz erlitten. Mit entsprechender Erleichterung, die einer verlogenen Selbstreinigung gleichkam, hatten Ceauşescus ehemalige stille Verbündete die Flucht des Tyrannen begrüßt.

Zahlreiche Journalisten, wie die beiden Franzosen, trieb dagegen die professionelle Neugierde, wenn nicht sogar Gier, in das Zentrum des revolutionären Orkans. Die exakte Adresse des Aufstandes, so erfuhren Du Tertre und Calderon bereits am Flughafen, sei die »Piaţa Palatului«, der Platz des Palastes, in der Bukarester Innenstadt.

Auf dieser von Freude und Verwirrung beherrschten Bühne der Rebellion erwartete man gegen 18 Uhr auch Iliescu und seine Mannschaft. Der Verlagsdirektor, der seinen Kreis um einige Männer, unter ihnen Generalstabschef Guşe und Hauptmann Lupoi, erweitert hatte, drängte sichtbar nervös durch die dichte Menschenmenge. Er kam direkt von dem Geheimtreffen im Verteidigungsministerium in Drumul Taberei.

Nach einem Autounfall auf dem Victoriei-Platz, in der Nähe der Fernsehstation, war Iliescu zu der Verabredung mit Securisten und Militärs mit übergroßer Verspätung erschienen. Die Generäle Stănculescu, Chiţac, Mortoiu sowie mehrere hohe Sicherheitsbeamte hatten schon mit sichtbarer Ungeduld die politischen Köpfe erwartet. Überdies war da noch ein Ingenieur namens Mihai Montanu, der aller Wahrscheinlichkeit nach ebenfalls für den Dienst tätig war. Zu Beginn des geheimen Zusammenkommens hatte Chaos geherrscht. Keiner der Armeegeneräle hatte mit einem so abrupten Umbruch gerechnet.

Als Iliescu endlich erschien, mußte er zunächst einmal die auf ihre Pfründe bedachten, streitenden Militärs besänftigen. Er rief zur Geschlossenheit auf und kündigte an, daß eine provisorische Institution geschaffen werden müsse, die die Macht übernehmen und die Geschicke des Landes bis zu Neuwahlen führen solle. In zweiter Linie ging es ihm darum, für die lose zusammengewürfelte Machtclique einen Namen zu finden. Petre Roman schlug vor, sich »Komitee zur Rettung der Nation« zu nennen. Die roten Brüder konnten sich aber nicht einigen. Am Ende beförderte Iliescu, schon ganz im Bewußtsein seiner Macht, den Generalstabschef zum neuen Chef des »Zentralen Kommandos der Revolution«, dem sich auch General Ghiţa, der formale Chef der Kommandotruppen der Securitate, anschloß.[16]

Der Großteil der Gruppe eilte daraufhin, wieder mit erheblicher Verspätung, auf den Platz des Palastes. Hauptmann Lupoi, der sich der KP-Elite angeschlossen hatte, bahnte seinen neuen Freunden mit herrischen Gesten den Weg durch die mächtige Demonstration. Nach mehreren Kontrollen durch selbsternannte »Verteidiger der Revolution«, die auch die hochrangige Gruppe über sich ergehen lassen mußte, gelangten Iliescu, Roman, Brucan sowie die Generäle Militaru und Guşe schließlich auf den Balkon. Dieser war in der eineinhalbstündigen Unterbrechung des TV-Programms die einzige Anlaufstelle für die Massen.

Ganz anders als auf dem Bildschirm reckte der seines Sieges sichere Iliescu nun auch Zeige- und Mittelfinger zum Victory-Zeichen in den schon finsteren Himmel. Während unten auf dem Platz Schweigen herrschte, stellte er sich wie selbstverständlich den hunderttausend als Chef des »Komitees der Nationalen Rettung« vor: »Es gibt die Securitate nicht mehr. Die Truppen des Innenministeriums sind der Armee unterstellt«, verkündete er freudestrahlend. Die Stimmung, die ihm entgegenschlug, war so feindlich, daß der KP-Funktionär seine Ansprache unterbrechen mußte.

Erst nachdem Guşe mit einer kurzen Erklärung die spürbaren Wogen des Unmuts geglättet hatte, trat Iliescu, wieder grinsend, vor das Mikrophon. Nun versuchte er, das Publikum mit konkreten Versprechen für sich zu gewinnen. Der Diktator, sagte er, werde vor Gericht gestellt. Er versprach Reformen für die Wirtschaft und die sofortige Einstellung des »Dorferneuerungsprogramms«, mit dem Ceauşescu das halbe Land in sogenannte »agrarindustrielle Komplexe« zwingen wollte. Die Massen blieben

ohne große Begeisterung. Man werde sich zurückziehen, verkündigte Iliescu trotz des unfreundlichen Empfangs staatsmännisch, um eine »provisorische Führung« zu bilden. Nachdem sich auch Universitätsdozent Roman kurz vorgestellt hatte, wobei er wiederum von einer »Front der Volkseinheit« sprach, verschwanden die Männer. Sie waren verunsichert.[17]
Doch ungeachtet der Ablehnung durch die selbstbewußte Menschenmasse war es der Gruppe gelungen, mit ihrem Erscheinen im richtigen Moment sich dem übrigen Land zu präsentieren. Denn knapp vor Iliescu & Co. waren zwei Übertragungswagen des Fernsehens aufgetaucht und hatten begonnen, direkt vom Platz zu senden.

Während auf dem Balkon in der Folge andere Kandidaten, so auch Mazilu, der Gründer des »Nationalen Bürgerforums«, um die Sympathien des führungslosen Volkes buhlten, berieten drinnen schon die Kader.
Mißtrauische Revolutionäre, auch der Elektrofachmann Nica, wollten nicht von ihrer Seite weichen. Sie sahen Iliescu bei der Aufstellung einer Liste von »Männern, die verantwortliche Posten übernehmen könnten«, permanent über die Schulter. Doch die eingeschworene Gemeinschaft entzog sich mit einem geschickten Schachzug jeder Kontrolle.[18] Unter dem Vorwand, daß die »provisorische Führung« ans Werk gehen müsse, verbarrikadierten sich Iliescu, Brucan, Roman, Guşe und Militaru im winzigen Kabinett 226 im zweiten Stock des Parteihauses.
Die Tür des Zimmers wurde innen von Hauptmann Lupoi bewacht. Draußen stand als Hüter Casimir Ionescu, ein Ingenieur, der durch seine lukrativen Schwarzmarktgeschäfte stadtbekannt war. Nur ausgewählte Besucher wurden von den beiden Türstehern hereingelassen. Hohe

Securisten und Vertreter des alten Regimes eilten herbei. Gheorghiu Ardeleanu, der Chef der USLA (= Unitaţe Speciale de Luptă Antiteroriştă), der am frühen Nachmittag seine 1600 Mann starke Antiterrortruppe in einer schnellvollzogenen Wende Iliescu unterstellt hatte, tauchte auf. Völlig aufgelöst stürzte er in das Kabinett und flüsterte dem Generalstabschef zu, man werde »die Sache so durchziehen, wie man es mit Victor (Stănculescu?) vereinbart« habe.[19]

Doch plötzlich war auch er wieder da, der Dozent und Securitate-Oberst Măgureanu. Das »Mausgesicht« hatte bereits den ganzen Nachmittag im ZK-Haus verbracht. Jetzt im Kabinett hielt er sich weiter bedeckt. Während eine Videokamera die anderen Mitglieder das ganze Treffen hindurch verfolgte, blieb der vorsichtige Sicherheitsmann hinter dem Rücken des Filmers und kam nicht ins Bild.[20]

Unter der riesigen Reliefkarte von Rumänien, die sich über die gesamte Stirnwand des kleinen Kabinetts spannte, nahm Iliescu Platz – jeder Zoll ein Chef. Zuerst wollte er den »Genossen Stănculescu« im Verteidigungsministerium telephonisch erreichen. In hektischen Beratungen begann daraufhin die Gruppe zu retten, was noch zu retten war.

Während der Verlagsdirektor mit besorgtem Gesicht die unvollständige Liste überflog, die man draußen zusammengestellt hatte, kam aus dem Hintergrund ein erster Befehl des für die Kamera unsichtbaren Măgureanu: »Herr Iliescu, ›Nationale Rettung‹, das klingt nicht gut. Das erinnert an einen Staatsstreich. Nationale Demokratie ist besser.«

Diese Diskussion wurde daraufhin von Roman weitergetrieben. Er schlug vor, sich auf den Namen »Front der

Volkseinheit« zu einigen. Doch der bedächtige Brucan, der schräg neben ihm saß, widersprach. Da der ehemalige Rechtsgelehrte monatelang unter Hausarrest gestanden hatte, kannte er den Universitätsdozenten und die meisten Anwesenden gar nicht: »Das ist nicht gut«, konterte er deshalb voller Argwohn. Inzwischen drängten Stimmen aus dem Hintergrund, endlich ein »Kommuniqué« zu veröffentlichen.

Aber da meldete sich ungefragt auch Militaru zu Wort: »Nennen wir uns Front der Nationalen Rettung!« sagte er mit harter Stimme. Niemand reagierte. Der General sprach unbeirrt weiter: »Die Front zur Nationalen Rettung gibt es schon seit sechs Monaten«, erklärte er. Wieder wollte ihm niemand zustimmen.

Militarus Vorstoß kam nicht von ungefähr. Denn in mehreren Gesprächen hatte der gewiefte General auf den Korridoren des ZK-Gebäudes mit Securisten verhandelt. Im Austausch für die Unterstützung des Sicherheitsdienstes hatte man ihm »die Front« angeboten. Militaru war sofort einverstanden gewesen.[21]

Iliescu hingegen, der sich durch sein ganzes Auftreten als eindeutiger Chef der KP-Gruppe etablierte, war von der »Front der Nationalen Rettung« nicht überzeugt. Über den Namen, entschied er, werde man noch diskutieren. Völlig ungeniert spielte er eine ganz andere Karte aus. Er gab bekannt, daß er sich mit der »sowjetischen Botschaft in Verbindung gesetzt« und ihr erklärt habe, »wer wir sind und was wir wollen«.

Aber schließlich war es der ungeduldige Măgureanu, der die unfruchtbare und entlarvende Diskussion beendete. Er ordnete an, daß die Gruppe in das Verteidigungsministerium übersiedeln solle. Zuvor allerdings müsse Iliescu noch einmal zum ungeduldigen Volk sprechen.

Die »Terroristen« kommen

Eine knappe halbe Stunde später peitschten über den Platz des Palastes die ersten Schüsse. Noch im ungebrochenen Revolutionstaumel achteten die Demonstranten nicht darauf.
Daniela Popescu, die vor einem grauen Häuserblock ausharrte, in dem die Securitate ebenfalls seit Jahrzehnten mehrere konspirative Wohnungen hatte, drehte sich lediglich hin zum Königspalast, denn aus dieser Richtung kam der überraschende Lärm. Ungläubig wie die anderen lauschte sie. In Deckung ging sie nicht.
Nach einer kurzen Pause wurde der Beschuß heftiger, doch die Demonstranten jubelten weiter. Sie schauten in Richtung Palast, in dessen rechtem Trakt – wo das Nationalmuseum untergebracht ist – Licht brannte. Der linke Teil des Gebäudes hingegen, der Sitz des Staatsrates, lag in völligem Dunkel; nur von Zeit zu Zeit blitzte dort im obersten Stockwerk ein unheimliches blaues Licht auf.[22]

In der Finsternis des Palastes waren die Männer der Direktion 5 in voller Aktion. Nach der Beendigung der Krisensitzung im ZK-Gebäude, gegen 19 Uhr, hatten sie Befehl erhalten, den aktiven »Schutz des Staats- und Parteiapparates« wiederaufzunehmen. Einige Demonstranten, die in der Euphorie des gelungenen Aufstandes versuchten, auch den Königspalast zu erstürmen, lösten dabei die ersten Schüsse aus. Die Securitate-Offiziere, die seit dem Vortag auch das Haus der Direktion 5 und das CID, das Dokumentations- und Informationszentrum, schützten, eröffneten ebenfalls das Feuer. In der ersten Stunde wurde jedoch niemand verletzt. Die gutgezielten

Schüsse waren hauptsächlich zur Warnung und Abschreckung der nicht mehr kontrollierbaren Menge gedacht. Während das ZK-Gebäude, in dem sich die politische Elite befand, kein einziges Mal unter Beschuß geriet, zielten die Securisten wie wild auf den Platz. Gegen 21 Uhr wurden die ersten Zivilisten von Querschlägern getroffen.

Ungefähr zu diesem Zeitpunkt griff auch das Militär mit ungeheurer Wucht in den Kampf ein. Schon am Spätnachmittag waren sechs Panzer, die sich in die Seitenstraßen zurückgezogen hatten und den Grenztruppen gehörten, wieder auf den Platz des Palastes vorgerollt – obwohl nur Stunden zuvor große Versöhnungsgesten zwischen Volk und Armee stattgefunden hatten.

Die meisten Einheiten hatten sich schon am Nachmittag in die Kasernen zurückgezogen. General Tiaca aber, der Kommandant der Grenztruppen, der am 20. Dezember aus Timişoara nach Bukarest gekommen war, beließ einen Teil seiner Männer in Alarmbereitschaft. Als Chaos und Panik überstark wurden, erteilte Tiaca erneut den Schießbefehl.[23]

Im Parteihaus telephonierte der ahnungslose Generalstabschef Guşe inzwischen hektisch mit dem Verteidigungsministerium. Da die Panzer auf dem Platz nicht an das Funknetz angeschlossen waren, war Guşe praktisch von der Befehlsstruktur abgeschnitten. Außerdem wußte niemand, woher die Schüsse kamen. Aufgeregte Zivilisten kommandierten deshalb die Soldaten, die ihre Maschinengewehre in Richtung Königspalast drehten und ihre Magazine wie von Sinnen leerten. Rotweiße Leuchtkugeln, die mit den Schüssen abgefeuert wurden, erhellten bald den Platz.

Während ein verzweifelter Unbekannter vom Balkon aus flehte, »das Militär soll aufhören zu schießen«, begannen auch die »Revolutionshüter« im ZK-Haus, ihre AKM-Maschinenpistolen zu laden. Noch bevor irgend jemand einen Befehl erteilt hatte, wurde auch hier gekämpft.
Einer der zahllosen Verteidiger war Ingenieur Dan Hazaparu, der eine Waffe gegen Vorzeigen seines Personalausweises ausgehändigt bekommen hatte und das überalterte Gewehr durch einen Fensterschlitz im ersten Stock des taghell erleuchteten ZK-Gebäudes steckte. Er schoß wie Dutzende verängstigter Dilettanten ziellos in die Dunkelheit. Die Panzer auf dem Platz des Palastes antworteten aus ratternden Maschinengewehren.
Einige Stunden später begannen im Königspalast die alarmierten Männer der Direktion 5, systematisch aussortierte Akten und nicht mehr gebrauchte Dokumente zu verbrennen. Rotgelbe Flammen schlugen bald auch aus umliegenden Securitate-Stützpunkten. Auf Befehl von Guşe wurden daraufhin andere Armee-Einheiten auf den Platz kommandiert, so daß sich die Schlacht noch ausweitete. Die Kuppel der auf halber Höhe zwischen Königspalast und ZK-Haus befindlichen Universitätsbibliothek wurde in Brand geschossen.
Weiteres Kriegswerkzeug wurde herangebracht. Gruppen von ungeübten, wild feuernden Soldaten und Menschentrauben von Zivilisten, die nicht weichen wollten, verwandelten den Platz in ein apokalyptisches Szenario. Bald lagen die ersten Toten auf dem von TV-Scheinwerfern und Leuchtkugeln gespenstisch erleuchteten Asphalt.
Gegen 23 Uhr drängte das französische Kamerateam von »La Cinq« zum Ort des Geschehens, um die Schlacht zu filmen. Kameramann Du Tertre stürzte sich in die erste Reihe. Der Reporter Calderon suchte hinter einem der

Panzer Schutz. Doch plötzlich bewegte sich das schwere Fahrzeug ruckartig nach vorn und rollte dann wieder ohne sichtbaren Grund zurück. Der hinter dem Panzer versteckte Journalist wurde von diesem Manöver völlig überrascht. Er stürzte beim ersten Ruck des Fahrzeugs zu Boden. Zentimeter um Zentimeter verschlangen ihn die schweren Ketten. Seine Hilferufe gingen im ohrenbetäubenden Kampfeslärm unter.

Mehr als eine halbe Stunde verging, ehe Du Tertre auf die dunklen Blutflecken aufmerksam wurde, die unter dem Panzer hervorquollen. Außer zerquetschten Körperteilen war von Calderon, seinem Freund, nichts mehr übriggeblieben.

Ungefähr eine Stunde nach Beginn der unerklärlichen Schießerei verbreitete sich in der ganzen Stadt ein unheilverkündender Verdacht: »Terorişti« würden im Auftrag des gefallenen Tyrannen versuchen, die Macht zurückzuerobern. Während der Conducator längst in einer Kaserne in Tîrgovişte festsaß, steigerten sich die Gerüchte von Stunde zu Stunde.

So wurden unter anderem wegen des angeblichen Truppenanmarsches aus Tîrgovişte alle Zufahrtsstraßen zum Zentrum mit tonnenschweren Lastwagen und Betonmischern gesperrt. Verletzte liefen schreiend durch die Straßen. Frauen weinten und brüllten in Häuserecken. Kinder schossen in die Nacht. Überall rasten Lastwagen mit übermüdeten Revolutionären am Steuer ziellos durch die Dunkelheit.

Gegen Mitternacht wurde plötzlich auch um die TV-Station gekämpft.

Wie auf dem Platz des Palastes verfügte die Securitate im

Nobelviertel Dorobanţi, wo die Fernsehanstalt liegt, über eine Vielzahl von Stützpunkten. In zahlreichen Villen waren technische Anlagen untergebracht, mit denen die westlichen Botschaften, die ihre Sitze in dem vornehmen Bezirk haben, überwacht wurden. So wurden mit Hilfe meterhoher Antennen die Funksprüche des Klassenfeindes abgehört. Für die Sicherung dieser konspirativen Häuser waren in der Regel ebenfalls Offiziere der Direktion 5 zuständig. Das TV-Zentrum hingegen war für die Securitate von geringerem Interesse. Denn trainierte Schützen hätten die meterhohe TV-Antenne auf dem Dach des Hochhauses, in dem die Verwaltung untergebracht ist, innerhalb kürzester Zeit zerstören und damit das Programm unterbrechen können.[24]
Und doch begann sich die Armee auch hier nach einem umfassenden Verteidigungsplan gegen einen »Sturm der TV-Zentrale« zu schützen. Das Kommando für die Verteidigung übernahm Major Gheorghe Toader, der an den beiden Toren der Anstalt mehrere Panzer auffahren ließ. Zugleich sicherte er das niedrige Gebäude, in dem die Studios liegen. Entlang der Ostseite, die auf die Dorobanţilor-Straße geht, stellte er zusätzlich gepanzerte Fahrzeuge bereit. Hinter einer niedrigen Mauer, die parallel zum Haus verläuft, gingen Soldaten in Stellung. Die »Terroristen«, bleute man ihnen ein, hätten sich in den Villen auf der gegenüberliegenden Straßenseite versteckt. Jeder Schuß müsse ohne Zögern erwidert werden. Auch hier wurden alle Zufahrtsstraßen im Laufe der Nacht durch quergestellte Schützenpanzer und Militärfahrzeuge versperrt.
In hysterischer Kampfeslust wurde drinnen in der Anstalt im Schein von Taschenlampen jeder aufgehalten und kontrolliert; bei der kleinsten Bewegung wurde zuerst ge-

schossen und dann gefragt. Die Spannung stieg ins Unerträgliche, als sich die Nachricht verbreitete, die gefürchteten »Terroristen« seien in die Station eingedrungen und bereiteten in den unterirdischen Geheimgängen eine Attacke vor. Doch weder in der Station noch aus den gegenüberliegenden Villen erfolgte in dieser Nacht der prophezeite Sturm.

Noch bevor Dorobanţi in totale Verwirrung und Panik versank, trafen Iliescu und seine Begleiter in der TV-Station ein. Nach dem Ausbruch der Schießereien vor dem ZK-Gebäude war die Gruppe in mehreren Schützenpanzern von der Armee abtransportiert worden. Schon eine halbe Stunde später, gegen 20 Uhr, wandte sich Iliescu via Bildschirm an die verunsicherte Bevölkerung und tat die Kämpfe als »letzte Zuckungen einer sterbenden Bestie, die noch unmittelbar vor dem Tode zurückschlägt«, ab. Zugleich versuchte Iliescu den revolutionären Elan zu dämpfen, indem er trocken verkündete: »Wir müssen diesen Euphoriezustand beenden. Die Behörden sollen zusammen mit den Vertretern des Volkes das ganze Land unter ihre Kontrolle bringen.« Nach der Ankündigung, daß man in einer halben Stunde ein Kommuniqué verlesen werde, gingen er und seine Gruppe systematisch daran, mögliche Konkurrenten auszuschalten.
Zuallererst wurden Studenten, die noch im ZK-Haus von Iliescu zu einer Zusammenarbeit aufgefordert worden waren, ausgebootet. Während die engagierten Jugendlichen in falscher Sicherheit in den Korridoren der TV-Anstalt um Verbündete warben, verschanzte sich der Verlagsdirektor mit einigen seiner Getreuen im Studio 5. Dort schrieb er die Personenliste, die im Parteihaus erstellt worden war, um. Die Namen aller Jungrevolutio-

näre, unter anderem auch der des Elektrofachmanns Nica, der ursprünglich die Nummer 35 hatte, wurden gestrichen. Dagegen wurden General Stănculescu und der Bonze Marţian, der im Auftrag der Partei das Fernsehprogramm überwachte, als neue Mitglieder aufgenommen. Die Parade-Dissidenten Cornea und Tökes landeten ebenso auf der neuen Liste wie der ehemalige Außenminister Mănescu. Keiner von ihnen war gefragt worden.[25]

Im Anschluß wurde das Programm des ehemaligen UNO-Beamten Mazilu »umgearbeitet«. In einer rauhen Diskussion strich Silviu Brucan, der geistige Kopf der Clique, die Zehn-Punkte-Erklärung des Konkurrenten, in der unter anderem die sofortige Abschaffung des Alleinvertretungsanspruches der KP sowie eine pluralistische Demokratie und Gewaltenteilung gefordert wurden, zusammen. Nicht einmal die Schlußbemerkung: »Aşa să ne ajute Damneszeu!« (»So wahr uns Gott helfe!«) ließ er stehen. Anstelle der Überschrift »Nationales Bürgerforum« kritzelte Brucan in steiler Schrift die Worte »Frontul Salvarii Naţional«, »Front zur Nationalen Rettung«, hin.[26]

Gegen 23 Uhr trat Iliescu erneut vor die Kamera. Selbstsicher verlas er das erste Kommuniqué des provisorischen Komitees der »Front zur Nationalen Rettung«. In den zehn Punkten der Erklärung wurde unter anderem angekündigt, daß man »im April freie Wahlen abhalten«, »den Führungsanspruch der Partei abschaffen« und ein »Mehrparteiensystem« errichten werde. Auf dem Wirtschaftssektor versprach die »Front« den »Wiederaufbau der Landwirtschaft und Unterstützung für Privatinitiativen«.

Der zukünftige Kurs der Außenpolitik, so das Kommuniqué, werde bestimmt sein von »gutnachbarschaftlichen

Beziehungen und der Erfüllung aller internationalen Verpflichtungen«.

Bevor Iliescu diese großen Demokratieversprechen abgab, hatte er jedoch die Übernahme aller (kommunistischen) »Macht im Land durch die Front zur Nationalen Rettung« angeordnet und angekündigt, daß die »Front« überall »lokale Räte einrichten« werde. Alle »Ministerien und Organisationen«, so Iliescu, »bleiben in ihrer derzeitigen Struktur erhalten und werden ebenfalls der Front unterstellt«.

Diese gesamte Erklärung war in den späten Abendstunden im Chefbüro im elften Stock der TV-Anstalt von Iliescus Männern, allesamt Kommunisten, ausgearbeitet worden. Obwohl die Verfasser in vielen Fragen den künftigen Kurs bis ins kleinste Detail festlegten, erwähnten sie die vom Volk verhaßte Securitate mit keinem Wort. In einer Kehrtwendung hatte der Verlagsdirektor auch den Namen »Front zur Nationalen Rettung« akzeptiert. Sein Mitverschwörer Militaru trat noch in der derselben Nacht mit der höchsten Spitze des Sicherheitssystems, mit Vlad, der im Zentralkomitee geblieben war, telephonisch in Kontakt.

Gegen zwei Uhr früh wandte sich der publicityscheue Securitate-Boß erstmals an die Öffentlichkeit. Den ganzen Tag über war zwar die Auflösung des berüchtigten Dienstes verkündet worden, doch Vlad gab in einer Tonbandkassette verräterisch bekannt, daß seine Securitate lediglich die Front gewechselt habe: »Es spricht Generaloberst Julian Vlad, Kommandant der Securitate-Truppen und der des Innenministeriums. In diesem historischen Augenblick kämpfen alle Einheiten des Ministeriums Schulter an Schulter mit der rumänischen Armee für die Rettung unserer Nation ...«[27]

Draußen feuerten unterdessen ausgerechnet »die Retter der Nation« auf unschuldige Zivilisten. Das ganze Viertel um die Fernsehanstalt lag im Dunklen. Und auf der Allee vor der Station huschten Jugendliche mit Schießprügeln durch die Nacht. In regelmäßigen Abständen ließ General Toader aus vollem Rohr antworten. »Terorişti!« brüllten seine Soldaten dabei. Der undurchsichtige Kampf, der auch hier bald die ersten Toten forderte, dauerte die ganze Nacht.

Krieg ohne Fronten

Bleibt auf der Straße!

Am Morgen des 23. Dezember zogen tiefe Nebelschwaden über Bukarest. Gegen sieben Uhr erwachte die Stadt durch neuentflammten Kampfeslärm. Wieder wurde aus Häusern und in den Straßen geschossen. Dunkle Rauchsäulen standen über der Innenstadt. Wieder jagte ein Gerücht das andere. »Terroristen« hätten sich im konspirativen Wohnungen verschanzt; Trinkwasser hätten sie vergiftet; zur Rettung des verkommenen Systems sei ihnen jedes Mittel recht.

Auf dem Dachboden des »Kulturhauses der Jugend«, in der Nähe der U-Bahn-Station »Eroilor«, hielt der Student Laurenţiu, der die Niederschlagung des Aufstands der Jugend auf dem Universitätsplatz nur zwei Tage zuvor glimpflich überstanden hatte, Wache. Er hatte in der vorhergehenden Nacht zusammen mit zwei Kommilitonen das Gebäude besetzt, in dessen Umgebung es ebenfalls wie wild knatterte. Den Feind hatte er nie zu sehen bekommen. Deshalb hatten der untrainierte Laurenţiu und seine Freunde abwechselnd mit den zwei AKM-Maschinenpistolen, die ihnen zur Verfügung standen, in die Nacht hinausgeballert.

Die U-Bahn-Stationen des seit zwölf Stunden umkämpften Bukarest wurden an diesem Morgen von einem Heer atemloser Kindersoldaten besetzt. Sie begannen in Windeseile den Untergrund mit autonomen Kontroll-, Versorgungs- und einem Pflegesystem zu überziehen. Während die Züge in regelmäßigen Abständen, so als wären sie Teil einer anderen Welt, weiter verkehrten und damit das einzig funktionierende Beförderungsmittel während der ganzen Revolutionstage blieben, wurden die verschmutzten Bahnsteige in Lazarette, Kantinen und Schlafstätten umgewandelt. Kleine weiße Zettel, auf die nichts als das Emblem der U-Bahn-Verwaltung gestempelt wurde, dienten den patriotischen Heerscharen als Ausweise. Sie steckten sie an ihre Pullover und patrouillierten damit die Gänge entlang. Besonders an den zentralen Stationen der Innenstadt, beim Universitätsplatz und an der Piaţa Română, versorgten Hausfrauen die kleinen Erwachsenen mit Speis und Trank. Dafür durften viele Zivilisten dann im sicheren unterirdischen Bunker auf Notbetten übernachten. Die Jugendlichen hingegen dösten auf den orangefarbenen Plastiksesseln.
Unter den vielen Gestalten, die mit hastigen Griffen an den wichtigsten Stationen jeden Passagier durchsuchten, war auch der 22jährige Ion Faur. Ursprünglich war er mit dem Jubelzug des »Freiwilligencorps aus Constanţa« in die Hauptstadt gefahren, um an den erwarteten Freudenkundgebungen nach dem Sturz des Diktators teilzunehmen. Als die Kämpfe ausbrachen, hatte sich der Sohn eines Hauptmanns der neuen Herausforderung gestellt und wollte die junge Revolution verteidigen. Mehrere seiner gleichermaßen einsatzfreudigen Mitreisenden waren in der Nacht zuvor in der Nähe der Fernsehstation bereits ums Leben gekommen.

Ungeachtet der schlagartig ausbrechenden Kämpfe ohne sichtbaren Feind eilten zahllose Jugendliche den Krankenhäusern und Ambulanzen zu Hilfe oder meldeten sich spontan zur Verteidigung. An Parteisitzen wurden Waffen ausgegeben. Die Depots, die für die Patriotischen Garden bestimmt waren, wurden geplündert. Mit undefinierbarem Schießgerät – inklusive Jagdgewehren – bewaffnet, stiegen viele auf Hoteldächer oder gingen in Kirchen in Stellung. Bald verwandelte sich halb Bukarest in ein Schlachtfeld. Jeder zweite in der Bevölkerung spielte Revolutionswächter. Eine Organisation oder Führung hatte die hingebungsvolle, aber ineffiziente Volksmacht nicht.[1]

Daniela Popescu trieb es an diesem Morgen mit ungebrochenem Elan wieder aus ihrem trostlosen Wohnbezirk, der menschenleer und verlassen war. Weil der umkämpfte TV-Sender die ganze Nacht über die Bevölkerung um Hilfe gebeten hatte, wollte die Sportlehrerin, die wie viele stundenlang auf der Straße ausgeharrt hatte, der bedrängten Fernsehanstalt zu Hilfe eilen.
»Bleibt auf der Straße!« lautete das Schlagwort dieses Morgens, das aus allen Mündern ertönte. Der Aviatorilor-Platz, rund 500 Meter im Nordwesten der TV-Anstalt, wurde von Hunderten Frauen belagert, die bis hin zu den Absperrungen der Armee ungeduldig drängten. Sie brachten schwere Tabletts mit frischem, duftendem Brot und reichten ihre Gaben den übermüdeten Rekruten. Andere skandierten: »Jos teroriştii!« (»Nieder mit den Terroristen!«)
Auf den breiten Boulevards fuhren Lastwagen, überladen mit Zivilisten, die sich von einem Schauplatz der Kämpfe zum anderen bringen ließen und glaubten, so die Revolution verteidigen zu können. In diesem aufgewühlten Pu-

blikum, das sich regelrecht in die Schußlinie drängte, gab es zahlreiche Tote.
Während Daniela die Kontrollen passierte und entlang der menschenleeren Dorobanţilor-Allee in Richtung TV-Zentrum lief, flogen wieder die Kugeln. Drinnen, im ersten Stock des Hochhauses, teilte man die Helferin den freiwilligen Telephonistinnen zu, die Auftrag hatten, alle Hinweise aus der Bevölkerung aufzunehmen. Und es waren viele, die sich an das Fernsehen wandten. Aus dem ganzen Land trafen Schreckensnachrichten ein: Aus Sibiu wurde berichtet, daß »Terroristen« ganze Familien kaltblütig umgebracht hätten. In mehreren Außenbezirken von Bukarest, verkündete ein anderer Anrufer, beschössen unbemannte, »ferngelenkte« Panzer Wohnhäuser.
Während die meisten alarmierenden Nachrichten jeder Grundlage entbehrten, wurde die Fernsehanstalt auch Seelsorgerin für das verzweifelte Land. Weil die TV-Station zwischen dramatischen Falschmeldungen und Hilferufen immer wieder ihre Telephonnummer (33 61 12) bekanntgab, riefen ständig gebrochene Menschen an, die nicht ein noch aus wußten. Eine schluchzende Mutter, die ihren toten Sohn vor sich auf dem Küchentisch liegen hatte und ihm als letztes Geschenk per Bildschirm ein Lied vorspielen lassen wollte, flehte den Sender ebenso um Hilfe an wie gedankenlose Samariter, die in Scharen aus der Provinz in die bedrohte Hauptstadt strömten. Sie baten Daniela und ihre Kolleginnen um die Beschaffung eines notdürftigen Quartiers, damit sie sich einige Stunden von den Kämpfen erholen könnten.

Unterdessen hatten sich die Männer der neuen »Frontul«, die sich gegen alle Konkurrenten so mühelos durchgesetzt hatten, dem standhaften Volk entzogen. Wie bei der kryptischen Unterhaltung im Kabinett 226 von Măgureanu vorgeschlagen, trafen sie einander im Ministerium für Nationale Verteidigung.

Das im Westen der Stadt, im Militärviertel Drumul Taberei – übersetzt: »der Weg des Lagers« – befindliche Armeehauptquartier ist in einem labyrinthartigen Kasernenkomplex versteckt. Der Generalstab der Armee sowie die Hauptquartiere aller Waffengattungen sind in diesem weiten Areal untergebracht.

Schon am frühen Morgen des 23. Dezember begannen die geschickten Überlebenden der alten Macht – Angehörige der kommunistischen Partei, der Armee und der Securitate –, in den Büros des ermordeten Verteidigungsministers Milea in aller Heimlichkeit und Ruhe die Karten der zukünftigen Herrschaft unter sich zu verteilen.

Iliescu, der die halbe Nacht in der Fernsehstation verbracht hatte, bevor er und seine Gruppe am Morgen in Schützenpanzern ins Ministerium chauffiert wurden, erkor den jungen Universitätsdozenten Roman zu seinem engsten Mitarbeiter. Er teilte mit ihm demonstrativ einen der wenigen Schlafräume, die in den Gängen um das Ministerkabinett für Krisenfälle eingerichtet sind. Zu seinem »Adjutanten« und »Mädchen für alles« wählte Iliescu hingegen Gelu Voican Voiculescu. Schon von der ersten Stunde des Machtwechsels an war dieser nicht von der Seite Iliescus gewichen. Die beiden Männer waren seit langem miteinander bekannt.

Der 48jährige mit dem weißen Vollbart, der sich gern als

»Esoteriker, Wilhelm-Reich-Fan und Yoga-Anhänger« vorstellt, gilt freilich als zwielichtige Figur. 1985 war er vom Ceauşescu-Regime wegen angeblicher »Korruption« verhaftet und verurteilt worden, wobei Voican sich selbst zum Opfer politischer Willkür erklärte. Zwei Jahre später war der Frauenheld erneut im Gefängnis. Diesmal angeblich wegen Verbreitung illegaler Sexliteratur.

Während Brucan, dem die Freundschaft zu Iliescu ebenfalls die Türen in das Ministerium öffnete, sich im Hintergrund hielt, stellte sich der bewährte Verbündete des Verlagsdirektors, der Securist Măgureanu, offen an die Seite seines neuen Herrn. Er übernahm die Kontrolle aller nachrichtendienstlichen Verbindungen zum Apparat. Auch zahlreiche andere Securisten, wie Nicolae M. Nicolae, waren mit dabei.[2]

Vlad, der oberste Sicherheitschef, gesellte sich am Vormittag zu der Gruppe. Er hatte vom ZK-Gebäude aus noch mit unverminderter Kühle die Operationen gegen die »Terroristen« geleitet. Zur Täuschung des betrogenen Volkes hatte er sogar Sondereinheiten in den Kampf geschickt. Sie sollten die Dächer der Häuser um den Platz der Republik »säubern«, fanden aber erwartungsgemäß keine »Feinde der Revolution«. Nachdem Vlad ins Ministerium gekommen war, blieb er mit seinen Kommandotruppen weiter in Funkkontakt.

Unabhängig vom Kampfesgeschehen, das für das Volk immer unübersichtlicher wurde, forcierte der siegessichere Iliescu den Kontakt zu Moskau. Am Vortag hatte er die sowjetische Botschaft bereits informiert, »wer wir sind und was wir wollen«. An jenem Morgen setzte er sich mit dem Kreml über die Direktleitung aus dem Ministerbüro in Verbindung.

Iliescus erster Versuch, Michail Gorbatschow persönlich zu sprechen, blieb erfolglos. Der sowjetische Staats- und Parteichef war an diesem 23. Dezember im Palast des Kongresses mit den Volksdeputierten beschäftigt.
Der Kreml-Chef hatte jedoch schon am Vortag in einer ersten Erklärung »die gerechte Sache des rumänischen Volkes« unterstützt und zugleich angekündigt, daß man in Moskau überlege, das rumänische Volk »mit medizinischer und anderer Hilfe« zu unterstützen. Am Tag darauf schränkte der mächtige Bruder sein Angebot freilich auf rein humanitäre Hilfe ein. Die sowjetische Regierung blieb auch in den folgenden Tagen offiziell bei dieser Linie. Militärische Unterstützung wollte sie der »Front der Nationalen Rettung«, die sie in einer Erklärung als »Einiger aller progressiven Kräfte« bezeichnet hatte, nicht mehr zukommen lassen.[3]
Trotzdem hielt Iliescu den Kontakt zu Moskau aufrecht. Er begann nach der Absicherung gegenüber den Sowjets und der glatt funktionierenden Koalition mit der Securitate, die Armee unter Kontrolle zu bringen.[4]
Die höchste Militärführung hatte sich zwar im Verteidigungsministerium mitverschanzt, doch keiner der Männer besaß das volle Vertrauen Iliescus. Die Militärs hatten in den Jahren der Diktatur unter der Kuratel des Sicherheitsdienstes gelitten. Die offenkundigen Sympathien zwischen dem Ceauşescu-Nachfolger und der Securitate entfachten das alte Mißtrauen neu.
Generalstabschef Guşe war als ein sichtbarer Repräsentant des gestürzten Regimes ohnehin bereits ein »toter Mann«. Zudem war er in der vorhergehenden Nacht, als er vom ZK-Gebäude aus die Schlacht um den Platz des Palastes hilflos beobachtet hatte, in eine entlarvende Situation hineingeschlittert. Gegen Mitternacht hatte ein

russisch sprechender Unbekannter im Kabinett 225, wo der Generalstab sein Hauptquartier installiert hatte, angefragt, ob Bukarest Hilfe brauche. Weil der Raum mit jungen Revolutionären überfüllt war, hatte Guşe, der fließend Russisch spricht, den Anrufer angelogen. Mißmutig antwortete er: »Ne ponimaju pa Russki.« (»Ich spreche nicht Russisch.«) Dann hatte er einer jungen Frau, die wie alle Umstehenden fassungslos auf den Generalstabschef gestarrt hatte, befohlen, sie solle dem Mann ausrichten, daß man absolut nichts brauche.[5]

Stănculescu, der Erste Vizeverteidigungsminister, hatte den neuen Herren zwar unter anderem mit der Fluchtvorbereitung für Ceauşescu geholfen, doch besaß auch er nicht das volle Vertrauen des Verlagsdirektors. Den Verschwörern gab zu denken, wie raffiniert der General mit seinem Gipsverband den angeschlagenen Ceauşescu aufs Glatteis geführt hatte. Und auch gegenüber dem Nachfolger hatte er sich nicht weniger doppelgesichtig verhalten: In der vorhergehenden Nacht hatte sich Stănculescu demonstrativ aus der Schlacht herausgehalten und abwartend die Hände in den Schoß gelegt.[6]

Der argwöhnische Iliescu bewies auch hier Geschick: Er setzte der Militärspitze seinen altbewährten Freund, den seit Jahren pensionierten General Militaru, vor und ernannte ihn zum neuen Verteidigungsminister.[7]

Araber, Hubschrauber und unterirdische Tunnel

Vordergründig hatte sich »die Revolution« – und ihr sogenannter »Verbündeter«, die Armee – gegen mehrere übermächtige Feinde, deren Macht womöglich über die

Grenzen des Landes hinausreichte, zu wehren. Denn Stunden nach Beginn der Schlacht grassierte das Gerücht, daß an der Seite der Ceauşescu-treuen Kommandotruppen, der »Terroristen«, skrupellose ausländische Söldner, vorwiegend arabischer Herkunft, im Einsatz seien. Mit ähnlicher Zähigkeit hielt sich die Schreckensmeldung, daß eine regelrechte Hubschrauberinvasion drohe. In den Protokollen der Armee wurde sogar schriftlich festgehalten, daß ganze Pulks von Helikoptern aus allen Richtungen zu einer gezielten Attacke auf Bukarest unterwegs wären. Sie flögen, so die Lageberichte, nicht nur vom Hafen Constanţa aus über Slobozia, sondern auch aus den Kreisen Cracoia und Tîrgu Jiu, im Südosten des Landes, auf die Hauptstadt zu.[8]
In der Bukarester Innenstadt rechtfertigten kampfunerprobte Soldaten ihre Mißerfolge mit ähnlichen Phantasien. Steif und fest behaupteten sie, der »Feind« sei ihnen in unterirdische Tunnelsysteme entwischt. Bald war die ganze Stadt »von einem geheimnisvollen Kanalsystem unterhöhlt«. Auch diese Mär wurde von der neuen Armeeführung unter Militaru zu Fakten umfunktioniert. Doch der sogenannte Bukarester Untergrund war – mit Ausnahme jenes ohnehin bekannten atomsicheren Bunkers, der vom ZK-Gebäude zum Königspalast führt – wie die »arabische Connection« und die Hubschrauberinvasion Lug und Trug.[9]

Ein handfester Krieg fand hingegen innerhalb des Armee-Apparates statt, der sich angeblich so geschlossen hinter das Volk gestellt hatte. Denn im komplizierten Militärapparat war es schon vor dem »offiziellen« Umsturz zu unübersehbaren Spannungen gekommen. General Tiaca, der Chef der Grenztruppen, war von Oberst

Geanţă, der mit den Verschwörern in Kontakt stand, übergangen worden. Trotzdem waren Tiacas Grenztruppen im Kampf um Bukarest überaktiv – und für den sinnlosen Tod zahlreicher Zivilisten verantwortlich.[10]
Mit blankem Zynismus und unvorstellbarer Brutalität mißbrauchten die neuen Machthaber das allgemeine Chaos, um sich eventueller Konkurrenten und Gegner innerhalb des Apparats zu entledigen. Alte Rechnungen wurden ebenfalls beglichen.
Am Abend des 23. Dezember befahl Militaru dem USLA-Chef Ardeleanu, der sich der »Front« demütig unterworfen hatte, einen Teil seiner Antiterroreinheit aus den Kasernen zu einem Sondereinsatz abzukommandieren. USLA-Männer sollten ein angebliches »Terroristennest« in den Wohnhäusern auf der Drumul Taberei ausheben. Der General bestand darauf, daß auch Gheorghe Troscă, der stellvertretende Chef der Einheit, herbeibeordert werden müsse. Troscă, der jahrelang für die Direktion 4, die »Militärische Abwehr«, gearbeitet hatte, war ein von der Armee vielgehaßter Spitzel.
Als sich gegen zwei Uhr morgens zwei ABI-Fahrzeuge (ABI = Transportor Amfibiu blindat), sogenannte Truppentransportfahrzeuge, den Seitentoren des Ministeriums näherten, eröffneten die Einheiten, die zur Verteidigung des Ministeriums abgestellt waren, ohne Vorwarnung das Feuer. Bei dem darauffolgenden Gefecht wurden beide ABIs in Brand geschossen. Sieben der insgesamt acht Insassen wurden getötet. Troscă war unter den Opfern.[11]
In einer anderen kaltblütigen Abrechnungsaktion der neuen Garde »verschwand« der einflußreiche General Nuţă. Der Chef des Generalinspektorats der Miliz und stellvertretende Innenminister, den Ceauşescu nach dem Ausbruch der Unruhen ebenfalls nach Timişoara entsandt

hatte, war nach der Wende in der Provinzstadt geblieben. Von dort aus hatte er offensichtlich versucht, mit seinem eigenen Machtzirkel den Conducator zu beerben. Nach zahlreichen hektischen Aktivitäten war er in der Nacht auf den 23. Dezember mit einer Sondermaschine in die Stadt Arad geflogen. Doch dann verloren sich die Spuren des machtgierigen Generals. Am Tag darauf wurde lediglich gemeldet, Nuţa sei verhaftet worden. Er soll später bei einem tragischen Hubschrauberabsturz bei Alba Julia, am Fuße der Karpaten, ums Leben gekommen sein.[12]

Die Verzweiflung steigt

Bukarester Weihnacht

Je länger die bizarre Schlacht dauerte, desto verwegener wurde die Stimmung im Volk. Auf dem Boulevard 1848 standen alle 50 Meter bewaffnete Männer, die jeden aufhielten und durchsuchten. An den U-Bahn-Aufgängen tasteten aggressive Jugendliche Passagiere ab. Beim kleinsten Widerspruch brüllten und tobten sie. Da sich die meisten Revolutionäre nach 36 Stunden Kampf nur mit Kaffee und Tabletten wach hielten, schlug die Angst in pure Hysterie und Verzweiflung um.
Auf dem Universitätsplatz, wo einfache Holzkreuze, Kerzen und verwelkende Blumen an den Aufstand der Jugend in der letzten Nacht unter Ceauşescus Herrschaft erinnerten, sammelten sich weinende, kreischende, wütende Menschen: »Diese Bestie«, jammerten und schrien sie, »man sollte ihn umbringen!« Der Haß auf den Tyrannen und seine »Terroristen« grub sich mit jeder Stunde tiefer in die Herzen und Hirne der Bevölkerung. Nicht nur Bukarest und Rumänien, die halbe Welt war überzeugt, daß sich Ceauşescu mit Hilfe eines teuflischen Plans in letzter Minute retten oder zumindest möglichst viele Rumänen mit ins Grab nehmen wollte.[1]

Übernächtigte Zivilisten suchten unterdessen in der Umgebung des Platzes die angeblichen arabischen Sonderkommandos und Scharfschützen. Diese, so warnten die Freiheitskämpfer, würden auf den Dächern der Innenstadt alle beweglichen Ziele unter Beschuß nehmen. Die ungeübten Krieger gerieten aber meist nur in die Schußlinie ihrer eigenen Kameraden. Durch Querschläger und herumirrende Kugeln, die von leichtsinnigen Waffenträgern abgefeuert wurden, starben in Bukarest zahllose Menschen. Die gespaltene und zugleich hilflose Armee, die von Militaru, dem unerfahrenen Minister, herumkommandiert wurde, war für den großen Rest der Toten verantwortlich.
Um das ZK-Gebäude, wo General Codrescu zusammen mit vier hohen Offizieren die Verteidigung leitete, brachen beim kleinsten Windzug heftigste Kämpfe aus. Die »Kommandozentrale« im Parteipalast, die im Kabinett 226 eingerichtet worden war, glich einem Kinderspielplatz für Männer; überall lagen leere Magazine und halbvolle Flaschen mit scharfem Ţuica, dem heimischen Schnaps, herum. Die Soldaten feuerten auch ohne höheren Befehl in unregelmäßigen Schüben auf die Fassaden des gegenüberliegenden Königspalastes. Patriotische Garden unterstützten das schaurige Schauspiel.

Während überall heftig geballert wurde, ruhten in der Leichenhalle des Gerichtsmedizinischen Instituts von Bukarest, in der Vitan-Bîrzeşti-Chaussee, bereits einige hundert Tote in einfachen Holzsärgen. Trauben von verunsicherten Menschen tappten vorsichtig über den Steinboden. Sie suchten nach vermißten Familienangehörigen und Freunden. Indessen wurde weiter gestorben.[2]
Daß es nicht gutausgebildete »Sonderkommandos« oder

fremde Mächte waren, die dem Volk den Terror aufzwangen, sah man nirgends so deutlich wie in den überfüllten Krankenhäusern. In der Leichenhalle der Urgenţa-Klinik warf das überforderte Personal die blutverschmierten Körper einfach in die Ecken. Die Leichen von Kindern und Soldaten lagen neben- und übereinander. Ein etwa 20jähriger Toter umfaßte noch mit der starren Hand einen Kameraden. Die Kugel hatte ihn mitten in die Stirn getroffen. Unterdessen kamen ohne Unterlaß neue Verletzte mit gräßlichen Schußverletzungen an Armen, Beinen und Schultern an, die belegten, was für unwissende, grausame Amateure am Werk waren. Alle Verwundungen stammten aus AKM-Maschinenpistolen, Kaliber 7,62 Millimeter, jenen Waffen, die verteilt worden waren oder zur Grundausrüstung der Armee gehörten.

In der Colţea-Klinik am Universitätsplatz starben die meisten Opfer schon auf dem Operationstisch. Obwohl Professor Constantinescu in permanentem Einsatz war, hielt seine Abteilung dem Ansturm an Patienten nur zwei Tage stand. Dann fehlten Antibiotika und Verbandszeug.

Der Professor blieb trotzdem unter Aufbietung seiner letzten Kräfte an seinem Platz. Nur stundenweise ruhte er sich auf einem wackligen Stuhl auf dem Gang der Abteilung aus, um dann wieder im OP zu stehen, wo ihm ein Dutzend Medizinstudenten als unbezahlte Assistenten halfen.

Die Aussicht auf Demokratie und Freiheit hielt alle Helfer, Kämpfer und Kontrolleure wach. Am Weihnachtsabend verstärkte sich jedoch die sentimentale Seite des bizarren Krieges. Während draußen weitergeschossen wurde, versammelte der strenggläubige Constantinescu im verdunkelten Speisesaal der Abteilung seine Schüler.

Die Gruppe stand um einen ärmlich geschmückten Fichtenbaum. Der Professor besang zum erstenmal in seinem Leben voller Inbrunst die stille, heilige Nacht und weinte.

Machtablöse in der Securitate

Nur zwei Tage nach dem Umsturz wurde ein Teil der alten Securitate reaktiviert. Alle Männer der Direktion 5, die Auftrag gehabt hatten, ihren Apparat vor allfälligen Überraschungen zu schützen, wurden am 24. Dezember ins Innenministerium beordert. Nicht ganz zufällig setzte an jenem Tag auch eine Welle von Verhaftungen ein, deren Opfer unter anderen der Elektrofachmann Leon Nica wurde. Er hatte trotz der Kämpfe im ZK-Gebäude ausgeharrt. Im Zuge des »großen Reinemachens« wurde er von Oberst Jordan Rădulescu, einem angeblichen Securisten, festgenommen. Man klagte den Revolutionär an, »Terrorist« zu sein.[3]

Ein ähnliches Schicksal ereilte groteskerweise auch den ergebenen Ex-Leibwächter des Conducators, Major David. Er wurde ebenfalls im Parteihaus verhaftet, nachdem er sich wie die meisten Mitglieder der Direktion 5 wieder an die Öffentlichkeit gewagt hatte. David war von aufmerksamen Revolutionären erkannt und beschuldigt worden. Seit der Flucht seines Herrn war der Securist zwar daheim geblieben, hatte jedoch im ständigen Kontakt mit seinen Kollegen gestanden. Das gut geknüpfte Netz des Dienstes hatte weiter funktioniert.[4]

Im Verteidigungsministerium geriet auch die Spitze des Apparates, die am »Gelingen der Revolution« mitarbeitete, an diesem Tag in Bewegung. Generaloberst Vlad, der bis dahin ungehindert seine Truppen kommandiert hatte,

wurde plötzlich von allen Seiten her angegriffen und beschuldigt.
Der schlaue Brucan, der politische Berater Iliescus, machte den Anfang. Er hatte persönliche Gründe, dem Securitate-Oberhaupt zu mißtrauen. Er war von Vlad während seiner Dissidentenzeit zweimal verhört worden und hatte die unangenehmsten Seiten des kühlen Technokraten kennengelernt. Bei einem dramatischen Zwischenfall soll Brucan seinen alten Feind sogar mit der Waffe bedroht haben und ihn vor einem »Kriegsrat«, der in aller Eile einberufen wurde, beschuldigt haben, für die Aktionen der »Terroristen« verantwortlich zu sein.
»Glaubst du, ich habe dich vergessen«, soll er den Generaloberst angeschrien haben. Die hohen Militärs sowie Iliescu und Roman, die an dem seltsamen Krisenstab teilnahmen, schwiegen betroffen. Nach einer kurzen Verteidigungsrede, in der der Sicherheitschef seine Unschuld beteuerte, löste sich das Treffen ohne sichtbare Folgen auf.[5]
Doch einige Stunden später startete auch der neue Verteidigungsminister Militaru eine Attacke gegen den angeschlagenen Vlad. In aller Heimlichkeit ließ er dessen Funkverbindungen zu den Einheiten kappen. Nach zwei Stunden und neuerlichen heißen Debatten wurde Vlad allerdings wieder in den Kreis der »Macht« aufgenommen. Er durfte weiterkommandieren.
Dem hohen Vertreter des alten Regimes hatte die neue Herrscherclique offenbar die deutliche Vorwarnung erteilen wollen, daß seine Zeit – wie die von Generalstabschef Guşe – abgelaufen sei. Neue, nach außen unbelastete Männer wie Măgureanu drängten zur Macht. Der Oberst begann sich Zug um Zug immer mehr in den Vordergrund zu spielen.[6]

Während sich an der Spitze der Securitate eine späte Ablöse anbahnte, saß der politische Kopf der neuen KP-Elite, Iliescu, bereits fest im Sattel. Zwei Tage hatte er in aller Heimlichkeit mit der Umstrukturierung der Führung von Militär und Securitate zugebracht. Jetzt kümmerte er sich um seine Basis.

Bereits am 23. Dezember war in einer Sonderausgabe des ehemaligen Parteiorgans »Scînteia«, die ungewöhnlich schnell verteilt worden war, eine besänftigende Erklärung Iliescus an die Genossen erschienen: »Wir Rumänen«, hatte der Reformkommunist verkündet, »wollen nicht den Weg unserer Nachbarn kopieren. Unser Protest war gegen Ceauşescu gerichtet, aber zugleich (ein Signal) für die Beibehaltung einer sozialistischen Ethik. Wir brauchen Meinungsvielfalt und... eine sozialistische Ordnung.«[7]

Nach den Querelen im Ministerium ließ sich der Chef der »Front zur Nationalen Rettung« in Begleitung seines neuen Dieners Gelu Voican zur TV-Station bringen, wo er sich wieder zweimal vor die Kamera stellte. Via Bildschirm wollte er die landesweit verunsicherte KP beruhigen.

Aus dem »Revolutionsstudio 4« waren die meisten Dichter und Denker unterdessen verschwunden, und die Meldungen wurden wieder vorwiegend von Gheorghiu Marinescu, dem ehemaligen »Gesicht der Diktatur«, verlesen. Anstelle verzweifelter Hilfsaufrufe erging an das Volk nun der Befehl, die umkämpften Schauplätze zu verlassen und daheim zu bleiben.

Bei seinem ersten Auftritt beschuldigte Iliescu hartnäckig wieder »Fanatiker« des alten Regimes, für die Kämpfe verantwortlich zu sein. Es seien »nicht viele«, beruhigte er zugleich, aber sie seien »für einen solchen Kampf ausge-

bildet«. Alle Zivilisten sollten die Armee unterstützen und »unter ihrem Befehl handeln«.
Die alte Garde sei festgenommen, verkündete der Frontchef: »Die Zeit für einen gerechten Prozeß, für die Justiz des Volkes, wird kommen.«
Viel deutlicher wurde Iliescu hingegen, als er neuerlich ein Kommuniqué seiner Gruppe verlas. Darin bestätigte er, daß »die Truppen des Innenministeriums der Armee unterstellt worden waren«. Dann folgte ein Ultimatum. Alle Zivilisten hätten »bis zum 25. Dezember, 17 Uhr, ihre Waffen abzugeben«. Iliescu drängte noch einmal energisch darauf, daß »alle lokalen Organisationen der ›Front zur Nationalen Rettung‹ unterstellt werden«.[8]

Nach dieser Erklärung empfing Iliescu im elften Stock des Verwaltungsgebäudes, im Büro des Fernsehdirektors Constantin, zahlreiche hochrangige Kommunisten. Auf dem Korridor des Empfangszimmers, wo der herrische Voican, Iliescus Schatten und Leibwächter, das Sagen hatte, warteten Dutzende kleiner Leute auf einen Termin mit dem Frontchef. Unter dem Fußvolk befanden sich an diesem Abend auch vier übermüdete Revolutionäre aus Timişoara.
Sie hatten eine nächtliche Zugfahrt von acht Stunden hinter sich und wollten nun dem neuen Chef der »Front« ihre Aufwartung machen. Die kleine Delegation, die aus dem Hilfsarbeiter Burlach und drei weiteren Revolutionären – darunter der Priester Florescu – bestand, hatte eine Erklärung des »Demokratischen Komitees« mitgebracht. Wie im ersten Kommuniqué der »Front« wurden in diesem Papier freie Wahlen und ein Mehrparteiensystem gefordert. Aber die Revolutionäre aus Timişoara, die ersten Helden dieses Aufstandes, bekamen von der schon

etablierten Macht eine Abfuhr. Sie wurden von Iliescu nicht empfangen.
Einige Tage später wurde das Timişoarer Komitee, in das bald zahlreiche Kommunisten eingesickert waren, der »Front« einverleibt.[9]

Tag der Rache

Tod am Nachmittag

Aus dem absolutistischen Herrscher war innerhalb von drei Tagen ein verlorener alter Mann geworden. Nachdem die Bewacher das Ehepaar Ceauşescu drei Tage drinnen in der Kaserne gut versorgt und mit falschen Versprechen beruhigt hatten, steckten sie den Conducator aus rein »dramaturgischen Gründen« um die Mittagszeit des 25. Dezember in einem Spähwagen, befreiten ihn dann aber bald wieder. Während der Gefangene noch unsicher den Fuß auf den Boden setzte und mit leicht gesenktem Kopf seine schwarze Mütze aus Persianerpelz zurechtrückte, war schon eine Videokamera auf ihn gerichtet. Sie sollte ihn, von mehreren Unterbrechungen abgesehen, bis über den Tod hinaus verfolgen.

Der Apparat, eine Amateurkamera des Typs Panasonic M7, stammte aus dem technischen Depot des Verteidigungsministeriums in Bukarest und wurde von Major Ion Baju bedient. Sogar als ein junger Militärarzt dem Gefangenen den Blutdruck maß, war absurderweise die Kamera dabei. Bei der Szene zog der Diktator ungelenkig seinen Mantel aus, wagte dabei sogar ein halbes Lächeln, bevor er in seinem schon zerdrückten Dreiteiler, regungslos da-

sitzend, an dem Fremden im weißen Kittel vorbei ins Leere starrte.
Eine halbe Stunde nach der erniedrigenden medizinischen Untersuchung stürzte der ahnungslose ehemalige Staats- und Parteichef noch weiter ab: Aus dem Allmächtigen wurde ein Angeklagter.

Schon am Vortag hatte man im Verteidigungsministerium in Bukarest beschlossen, mit dem unbequemen Herrscher kurzen Prozeß zu machen. Obwohl sich Iliescu bei einem zweiten »Kriegsrat« gegen ein solches Schnellverfahren gewandt hatte, waren sowohl die Chefs der Armee als auch der Securitate aus naheliegenden Gründen dafür: Sie wollten den Mann, den sie verraten hatten, zum Schweigen bringen. Stănculescu, der den Auftrag bekam, entsprechende Vorbereitungen zu treffen, stellte sich dabei offen auf die Seite der »neuen Macht«.[1]
Am Morgen des Prozeßtages organisierte er Militärrichter und eine Fallschirmspringereinheit. Măgureanu, das »Mausgesicht«, hingegen flog bereits per Helikopter nach Tîrgoviste, um den Häftling einem strengen Verhör zu unterziehen. Angeblich soll der Conducator dabei sogar mißhandelt worden sein, um Angaben über seine Schweizer Privatkonten zu erpressen.[2]
Als Vorbereitung auf den Prozeß ließ die »Front« überall im Land ausstreuen, daß eine großangelegte Befreiungsaktion durch »Terroristen« unmittelbar bevorstünde. Tatsächlich verliefen die Tage der Ceauşescu-Gefangenschaft in der ehemaligen Hauptstadt der Walachei jedoch problemlos. Überraschende Angriffe gab es nicht. Ebensowenig wurde das Paar, wie es später hieß, aus Sicherheitsgründen ständig in zwei Spähwagen herumchauffiert.[3]

Nach der ärztlichen Kontrolle wird Ceauşescu, der seinen schweren Mantel wieder übergezogen hat, in einen unscheinbaren Raum der Kaserne gebracht. Er nimmt auf einer harten Holzbank Platz. Links neben ihm sitzt seine Frau Elena – auch sie immer noch in derselben Kleidung, dem beigen Mantel mit dem dunklen Pelzbesatz, der an verlorenen Luxus erinnert. Ihre inzwischen strähnigen Haare sind unter einem bunten Seidentuch versteckt. Auf einem der beiden hellbraunen Tische, hinter die sich das Paar gezwängt hat, liegt Elenas Handtasche und ein weißer dünner Plastiksack. Darin sollen sich Medikamente für den schwer zuckerkranken Diktator befinden.
Zwei Pflichtverteidiger – die Ceauşescus haben sich energisch gegen jede juristische Hilfe gewehrt – warten schräg gegenüber dem Paar auf den Beginn des Prozesses. Sie heißen Teodorescu und Lucescu und wurden einige Stunden zuvor per Hubschrauber aus Bukarest eingeflogen.
Links von den beiden Angeklagten sitzen auf einem niedrigen Holzpodest fünf ernste Männer in Uniform. Sie bilden das eigentliche Militärgericht, das von General Georgică Popa geleitet wird.[4]
Gleich neben den Richtern nehmen in letzter Minute drei Gestalten Platz: Als sogenannte »Volksvertreter« sollen sie das Verfahren gegen den verhaßten Herrscher beobachten. Während die meisten Anwesenden in dem improvisierten Gerichtssaal zur Teilnahme herbefohlen wurden, sind diese drei der einzige sichtbare Teil der Camouflage, die über diesem überstürzten »Tele-Prozeß« liegt. Es sind der Iliescu-Assistent Voican, der im Namen der »Front« anwesend ist, Oberst Măgureanu, der als Vertreter der Securitate auftritt und sich damit zum erstenmal zu seinem wahren Beruf bekennt, und schließlich Stănculescu, der das Militär wieder in voller Uniform vertritt. Der ehema-

lige Verteidigungsminister ist der einzige, den der Conducator kennt.
Der Prozeß beginnt.
Im Hintergrund des engen Gerichtsraumes, der von einem alten Kachelofen gewärmt wird, wachen Kommandotruppen der Securitate in khakifarbenen Uniformen, die denen der Armee täuschend ähnlich sind. Um die Verwirrung noch zu vergrößern, sind auch die blauen Kragenspiegel, die einzigen Unterscheidungsmerkmale, entfernt worden.[5]
In einer kurzen Einführung wirft der Staatsanwalt, ein Zivilist mit Namen Dan Voinea, dem Diktator die 25jährige Gewaltherrschaft in all ihren feinsten Facetten vor: Während das Ehepaar Ceauşescu in Luxus gelebt und prunkvolle Empfänge gegeben habe, hätte »das Volk nur 200 Gramm Salami« bekommen, konstatiert der Staatsanwalt. Er duzt den machtlosen Staats- und Parteichef völlig ungeniert: »Du hast die Bevölkerung ausgebeutet.«
Ceauşescus Einwurf, daß er nur die »Große Volksversammlung« anerkenne und sein schneller Fall durch einen »Staatsstreich« verursacht worden sei, überhört das Gericht. Es läßt die Anklageschrift verlesen: Das Ehepaar wird des »Genozids, des Mißbrauchs der Staatsgewalt, der Zerstörung der Wirtschaft und der Güter des Volkes, des Fluchtversuchs und der Unterschlagung von Milliarden Dollar . . . gemäß Artikel 162, 163, 165 und 357 der rumänischen Strafrechtsordnung« beschuldigt. Der Staatsanwalt fordert für beide die Todesstrafe.
Während der ungeübte Kameramann Baju mit zitternder Hand filmt, weist der Staatsanwalt dem Conducator zusätzlich die Schuld für die Kämpfe der letzten Tage zu, indem er in relativ unzusammenhängenden Sätzen hervorstößt: »Heute gibt es mehr als 64000 Tote in den Städten.

Du hast das Volk in Armut gestürzt. Viele, auch Wissenschaftler, mußten dieses Land verlassen. Wer sind die ausländischen Söldner, die nun schießen? Wer hat sie kommen lassen?«

Elena kontert. Sie beschuldigt den Kläger der Provokation, aber Voinea lächelt höhnisch zurück: »Sie ist gesprächiger, unsere analphabetische Gelehrte, die nicht einmal richtig reden und lesen kann.«

Ceauşescu ergreift kurz die Hand seiner Gattin, um sie zu beruhigen. Mit Blick zu den Richtern wiederholt er, daß er sich »nur der Großen Volksversammlung (stelle)«, denn er erkenne »nur die Arbeiterklasse an. Vor diesem Tribunal von Komplotteuren«, sagt der Conducator, »antworte ich nicht. Ihr habt die Söldner kommen lassen. Wir haben ganz andere Möglichkeiten. Niemand in diesem Land erkennt euch an. Deshalb kämpft das Volk weiter«, belehrte er seine ehemaligen Untertanen.

Dann ist wieder die aufgebrachte Elena an der Reihe. Die Frage, ob sie oder ihr Mann »psychische Krankheiten« hätten, weist sie als »ordinäre Provokation« zurück. Wieder ergreift Nicolae ihren Arm. Wieder beruhigt er sie.

»Sie haben gesagt, in diesem Land seien alle gleich, und nun sehe ich im Fernsehen, daß Ihre Tochter (Zoe) eine goldene Waage hat, um das importierte Fleisch für ihren Hund abzuwiegen«, insistiert Voinea. Noch einmal wehrt sich Elena, und erneut besänftigt sie der stillgewordene Ehemann.

In einem abstrusen Auftritt jammert einer der aalglatten Verteidiger: »Wenn die beiden Angeklagten geistig gestört wären, könnten sie noch gerettet werden ... Ich stelle bei Anhören der Beweise fest, daß sie schuldig sind ... Dieses Gericht ist rechtskräftig.«

Als der Staatsanwalt sich mit einem neuen Schwall von

Vorwürfen meldet, kippt die Szene endgültig ins Tragisch-Absurde: Măgureanu kritzelt ohne Unterlaß mit unbeteiligter Miene auf einem Notizblock. Ceauşescu blickt demonstrativ gelangweilt auf seine elegante Armbanduhr, während Voinea den »Genozid in Timişoara und in Bukarest« beklagt, den Tod »unschuldiger Kinder, die von Panzern überrollt wurden«, und die Nachricht von »Sauerstoffbomben, die gestohlen, und Blutplasma-Depots«, die »in die Luft gejagt worden sind«.
Nachdem das Ehepaar von dem »außerordentlichen Militärgericht« schließlich einstimmig zum Tode verurteilt worden ist, lächelt Ceauşescu verloren in sich hinein. Er reibt sich mit abwesendem Blick die alten Finger. Dann, als die meisten Statisten des schaurigen Politspektakels zusammen mit den während der drei Stunden stumm gebliebenen Regisseuren, den Vertretern der Troika, den Raum verlassen, ruft er ihnen mit beinahe stolzer Stimme nach: »Lieber in Ehren sterben, als so behandelt zu werden!«
Mitglieder der Kommandotruppen stürzen sich auf das Paar. Sie fesseln den beiden sich wehrenden Todgeweihten mit einem Strick die Hände. Wieder ist Elena die Widerspenstigere. Sie zerrt und schreit: »Mein Sohn, nein, nein, das nicht!« Nicolae Ceauşescu hingegen versinkt in Lethargie, als würde er nichts mehr wahrnehmen.

Nur wenige Minuten nachdem die Gefangenen den Raum verlassen haben, zerreißen Schüsse aus dem Korridor die Stille. Als der Kameramann hinausstürzt, liegen die beiden bereits tot am Boden: »exekutiert« von uniformierten Securisten. Elena durch einen gezielten Schuß in den Hinterkopf, der Todesschuß bei Nicolae ist nicht zu sehen.

Dann werden die beiden Körper in den Kasernenhof getragen und vor die gelbgraue Mauer, den vorgesehenen Standort der Exekution, gelegt. Die Kamera darf das »zweite Sterben« der Ceauşescus »als Zeuge« filmen. Nach hektischen Schüssen, die wieder von den Kommandotruppen abgegeben werden und in der brüchigen Mauer zahlreiche Einschußlöcher hinterlassen, nähert sich auch das neugierige Tele-Auge, das den knarrenden Schritten eines Arztes folgt, den beiden Leichen. Die tote Elena, die auf die linke Seite gekippt ist, schwenkt die Kamera mit pietätloser Genauigkeit ab. Der Mediziner hebt in einer schnellen Bewegung ihren Kopf und läßt ihn wieder fallen. Die rote Blutspur vom ersten, tödlichen Schuß auf den Hinterkopf ist lang und schon fast eingetrocknet. Nicolae, der auf Knien nach hinten gebeugt daliegt, wird ebenfalls in Großaufnahme festgehalten.[6]

Tele-Revoluţie total

Knapp eine Stunde nach der Exekution, gegen 17 Uhr, flog der ganze Troß – mit zwei Särgen im Gepäck – in die Hauptstadt zurück. Die beiden Leichname wurden Soldaten übergeben und am Jahresende auf dem Militärfriedhof Ghencea beigesetzt.[7]

Die Kassetten mit dem exklusiven Filmmaterial hingegen landeten im Bukarester Verteidigungsministerium, wo sie der »technische Dienst« zweimal überspielte. Eine der beiden Kopien bekam die Armee, die andere die Securitate.

Anschließend wurden die Bilder aus Tîrgovişte Iliescu und seinen Männern vorgeführt. Eine hitzige Debatte entbrannte, welche Szenen für die Öffentlichkeit freigegeben werden sollten. Man einigte sich, lediglich einige kurze Ausschnitte im »Freien Rumänischen Fernsehen« zu senden.

Die Gesichter aller am Prozeß Beteiligten wurden ebenso herausgeschnitten wie der überwiegende Teil der Dialoge und vorerst auch die Bilder der beiden Hingerichteten. Nachdem man mit der umstrittenen Entscheidung einige Stunden verloren hatte – inzwischen war es späte Nacht –, wurde Nicolaescu, der Freund von General Stănculescu, beauftragt, zusammen mit Iliescus Mann, dem Metaphysiker Voican, quer durch die Stadt in die Fernsehstation zu fahren.[8]

Dort verlor man zusätzlich Zeit. Die Videokassetten, die ja mit einer Amateurkamera aufgenommen waren, mußten auf sendefähige Bänder überspielt werden. So wurden die Aufnahmen erst am 26. Dezember, um zwei Uhr früh – zehn Stunden nach der Exekution –, zum erstenmal im heimischen Fernsehen gezeigt.

Bereits mehrere Stunden zuvor hatten TV-Sprecher gemeldet, daß der Diktator hingerichtet worden sei. Immer wieder waren die baldige Ausstrahlung des aufsehenerregenden Prozesses sowie Bilder von der Hinrichtung angekündigt worden, und immer wieder hatte man mit beruhigenden Entschuldigungen um Geduld gebeten.

Als die sichtbar zensierten Aufnahmen von Ceauşescus letzten Stunden über die Bildschirme der aufgerührten Nation liefen, brach eine Welle empörter Anrufe über die Fernsehanstalt herein. Aufgebrachte Menschen bombardierten die schuldlosen Journalisten mit Beschimpfungen und sogar Drohungen. Bis sie die Leichen nicht leibhaftig gesehen hätten, wollten viele nicht glauben, daß die Ceauşescus tot seien.[9]

Am späten Vormittag des 26. Dezember rückte die Troika

dann widerwillig ein weiteres Stück Zeitgeschichte heraus. Mit der Ausstrahlung der effektvollen Aufnahmen des toten Herrscherpaars übertraf die »Tele-Revoluţie« vieles bisher Dagewesene. Dabei war die »Tele-Execuţie« ebenso raffiniert mit Lügen drapiert wie vieles, was die skrupellosen Drahtzieher arrangiert hatten: Das angebliche Volksgericht glich einem Prozeß stalinistischer Prägung. Das Schnellverfahren wurde voller Zynismus abgewickelt. Die Hinrichtung war blanker Mord.
Die Horrorzahl von angeblich »64000 Toten«, die der Staatsanwalt während des Prozesses leichtfertig hinausposaunt hatte, war eine glatte Unwahrheit, doch sie erschütterten die Welt noch mehr als die Sensationsbilder. Zudem hatte auch Voinea bestätigt, daß »ausländische Söldner« im Dienst des Tyrannen am Werk gewesen seien.
Und das Fernsehen: Es bewies seine Macht als grenzenloser Verführer.[10]

Terroristenjagd

»Credo in unum Deum, patrem omnipotentem, factorem coeli et terrae, visibilium omnium et invisibilium ...«
Auf Knien murmelten Arbeiter und Angestellte der Chemie-Firma Azur, im Norden von Timişoara, das »Glaubensbekenntnis« in lateinischer Sprache. Der Ingenieur Dominic Parasciv sorgte dafür, daß das Beten nicht aufhörte, indem er seine Kollegen mit einer Maschinenpistole bedrohte.
Der gezielte Schuß eines Soldaten machte den langen, quälenden Stunden des erzwungenen Gebetes schließlich ein Ende. Dominic Parasciv brach zusammen. Er wurde in das Kreiskrankenhaus gebracht und dort von Dr. Onisei operiert.

Wenige Stunden später – es war Heiligabend – bekam die Frau des strenggläubigen Dominic einen Anruf vom Direktor der Fabrik. In knappen Worten teilte er ihr mit, daß Dominic ein »Terrorist« gewesen sei: Er hätte kaltblütig 19 Menschen umgebracht, sei dann überwältigt worden und liege nun leicht verletzt in der Klinik.
Codruţa Parasciv, eine ehemalige Profi-Sportlerin und Mutter von drei Kindern, bemühte sich im Krankenhaus sofort um eine Besuchserlaubnis. Sie bekam sie nicht. Nicht einmal den kleinsten Hinweis über den Gesundheitszustand ihres Mannes gab man ihr.
In der Wohnung der inzwischen stadtbekannten »Bestie«, des »Oberterroristen« Parasciv, verbrachte die Frau zwei Tage voller Ungewißheit. Sie alarmierte Freunde und flehte Priester um Hilfe an. Fast überall stieß sie an eine Wand absoluten Schweigens oder schroffer Ablehnung. Außer ihr wollte keiner glauben, daß Dominic, der nie in der Partei gewesen war und am 21. Dezember, als man die Rede des Conducators in Bukarest unterbrochen hatte, in haltlosen Jubel ausgebrochen war, kein Anhänger des Diktators gewesen sei. Die Revolution sprach den Ingenieur schuldig.
Unterdessen lag der angebliche »Massenmörder«, von drei Kugeln lebensgefährlich getroffen, unter einem breitmaschigen, schweren Fischernetz in der Kreisklinik. Er war mit den Händen an ein altes Eisenbett gefesselt. Wiederholt bat er um Wasser. Das Personal, entnervt von Schreckenszahlen und Gerüchten, vernachlässigte seine einfachsten Pflichten und beschimpfte den Sterbenden als »Terroristenchef«.
Krankenschwestern und Ärzte führten ausländische Journalisten in Parascivs Zimmer, damit sie den Patienten mit den kurzgeschorenen blonden Haaren in seinem Fieber-

wahn filmen konnten. Auch die Kamerateams, die an das Krankenbett gelotst wurden, zweifelten an den Unschuldsbeteuerungen des wirren Dominic. Während der vielen Interviews drehte der Kranke seinen schweißgebadeten Körper unter dem drückenden Netz.

»Warum haben Sie geschossen?« insistierten skeptische Reporter. »Warum?«

Der Patient beteuerte unter offenbar unsäglichen Schmerzen, er habe nicht geschossen. Aber kaum jemand wollte ihm glauben.

Am 26. Dezember wurde der »Terrorist«, obwohl sich sein Gesundheitszustand erneut verschlechtert hatte, auch Alain Michel, dem Chef der französischen Hilfsorganisation »Equi Libre«, vorgeführt. Auch dieser Samariter richtete eine kleine Videokamera auf ihn. Aus Parascivs Mund floß ruckartig Blut. Wieder beteuerte der Patient, diesmal in fließendem Französisch, seine Unschuld.

»Je n'ai pas tiré ...« (»Ich habe nicht geschossen.«) stammelte er. Und weiter: »La vérité n'est pas jolie ...« (»Die Wahrheit ist nicht angenehm.«)

Röchelnd bat er zwischendurch um Wasser. Ein Mitarbeiter der Organisation hielt ihm die Flasche an die trockenen Lippen, und Parasciv trank in gierigen Zügen. Dann sprach er wieder in unzusammenhängenden Sätzen.

In der darauffolgenden Nacht starb der Ingenieur unter unmenschlichen Qualen.

Am 30. Mai 1990, nach fünf langen Monaten gesellschaftlicher Isolation, bekam die Ehefrau des Verstorbenen, die »Terroristenwitwe«, einen gerichtlichen Bescheid. Darin wurde ihr mitgeteilt, daß ihr Mann eigentlich niemanden verletzt oder getötet habe. Der Soldat, der ihn angeschossen hatte, war von panisch verschreckten Arbeitskollegen angeheuert worden, weil sie die Flucht des zu Tode geängstigten »frommen« Parasciv ins Gebet nicht nachvollziehen konnten.[11]

Wie in Timişoara brach in jenen Dezembertagen auch in Bukarest eine frenetische »Terroristenjagd« los. Zweifellos geschürt durch die Horrorzahlen, die beim Prozeß genannt worden waren, suchte bald eine ganze Stadt ihre Mörder. In der Urgenţa- wie in der Colţea-Klinik wurden Frauen, die vor Schmerzen kreischten, und Jugendliche, die keine Ausweise mit sich trugen, zu »Terroristen« gestempelt. Wie Parasciv fesselte man sie mit Handschellen und Verbandsmull an Betten und führte sie der internationalen Presse vor. Mit Hohn und Spott quittierte auch hier das Personal das Wimmern der Verletzten.
In ausführlichen Untersuchungen erforschten die Psychiater in den Kliniken den »Menschentyp des Terroristen«. Jeder kleinste Hinweis, jedes Blatt Papier, jede Patronenhülse galt als Beweis für die Ceauşescu-Treue der verdächtigten Patienten.
Inzwischen spazierten die wahren »Täter« ungestört durch die TV-Anstalt oder das ZK-Gebäude und spielten sich als »Rächer« auf: Hunderte Securisten der Direktion 5 waren ab dem 25. Dezember im Einsatz.
Auf dem neugeschaffenen »Heldenfriedhof«, einem einstigen Acker, auf dem die Opfer der Revolution in aller Eile begraben wurden, zerrte die Volksjustiz namenlose Tote aus den Särgen. In hilfloser Wut und Trauer wurden Leichen mißhandelt, die in Uniformen steckten, sogar wenn es im Kampf gefallene Soldaten waren: »Criminalu!« (»Verbrecher!«) schrie die aufgebrachte Menge wie von Sinnen.[12]
Auf der Drumul Tabarei, vor den Toren des Verteidigungsministeriums, wurden die sieben entstellten USLA-

Angehörigen, Opfer des Scharmützels der Nacht auf den 24. Dezember, sogar auf höheren Befehl als gefährliche Terroristen »verkauft«. Auf Anordnung von Minister Militaru waren die beiden Transportfahrzeuge am Morgen nach dem nächtlichen Kampf auf die gegenüberliegende Straßenseite gezogen worden. Die Leichname hatte man gut sichtbar im Umkreis von 100 Metern über den Boden verteilt. Der tote Troscă, die ehemalige Nummer zwei der Antiterroreinheit, wurde unter eines der beiden Fahrzeuge gezerrt. Mit weißer Kreide stand dort das Wort »terorişti« geschrieben.

Als sich auf vielerlei Wegen das Gerücht verbreitet hatte, daß Iliescu und seine Männer ebenfalls einer direkten Attacke der fanatischen Vasallen des Diktators ausgesetzt gewesen seien, pilgerte das entsetzte Volk zum Schauplatz des angeblichen Terrorangriffs. Es kam zu ekelerregenden Szenen: Die Leichen der vermeintlichen Mörder wurden bespuckt, getreten und zum Ausdämpfen von Zigaretten mißbraucht. In diesen schwer durchschaubaren Aktionen, die von General Militaru äußerst geschickt inszeniert waren, reagierte sich tagelang der Volkszorn ab.[13]

Adio Comunism?

»Wir haben nicht nur ihn bekämpft!«

Am 26. Dezember, nur vier Tage nach Beginn der Rebellion, wurde im ZK-Gebäude, das einem heftig und lange umkämpften Heereslager glich, die »partidul democrat«, die »Demokratische Partei«, gegründet. Einer der Wortführer war der Arbeiter Dan Jussif.

Der 35jährige Proletarier mit dem kantigen Gesicht hatte sich in diesen Tagen bei mehreren Gelegenheiten mit erstaunlichem Mut in die vorderste Reihe gestellt. So war er bei den ersten Protesten gegen Ceaușescu dabei. Dann meldete er sich als freiwilliger Verteidiger des Parteihauses. Scharf kritisierte Jussif die Nachfolgerin des Diktators, die »Front zur Nationalen Rettung«.

»Wir haben nicht nur den Tyrannen bekämpft«, bekräftigte auch Viorel Craciuan, einer der Führer dieser ersten Partei gegen die Iliescu-Gruppe. Starker Applaus der im Kabinett 1, dem ehemaligen Arbeitszimmer des Conducators, versammelten Gruppe folgte. Unabhängig vom langsamen Abflauen der Kämpfe wollten die Studenten und Arbeiter die Fortsetzung der Revolution erzwingen, bis auch der »Kommunismus zu Grabe getragen wird«, wie ein Jungrevolutionär energisch forderte.

Bis dieses Ziel erreicht sei, beschlossen die Mitglieder der »Demokratischen Partei«, das ZK-Gebäude besetzt zu halten. Als ob sie den alten Geist mit Beschwörungen vertreiben wollten, durchkämmten einzelne Zivilisten die unübersichtlichen Zimmerfluchten des Palastes der gestürzten Macht. »Adio comunism!« (»Kommunismus, auf Nimmerwiedersehen!«) skandierten sie dabei lauthals.
Während der Gründungsversammlung der Demokraten liefen in einer Ecke des weitläufigen Raumes über den Fernseher zum x-tenmal die Bilder vom Prozeß gegen den ehemaligen Dauermieter der Prunkräume. Mit regungslosen Gesichtern folgten todmüde Soldaten dem makabren Spiel um ihren Ex-Oberkommandierenden.

Das Kabinett Nummer 2, das ehemalige Arbeitszimmer der hingerichteten Elena Ceauşescu, im linken Teil des Haupttraktes, war übersät mit Patronenhülsen, Brotresten und vergessenen Tschapkas. In Fauteuils aus allen Stilepochen, die vom Kampf gezeichnet waren, dösten Uniformierte. Sie hatten sich den jungen Demokraten angeschlossen. Mehrere Zivilisten patrouillierten trotz des Aufrufes der »Front«, die Waffen abzugeben, mit umgehängten Maschinenpistolen durch die verwüsteten Räume.
Hunderte Hochglanzphotos aus dem Privatarchiv der Ceauşescus, die man in Schubladen entdeckt hatte, gingen durch die Hände der neugierigen Revolutionäre. Auf einem der Bilder präsentierte sich Jäger Nicolae vor einem erlegten Wildschwein. (Der sinnlose Abschuß von Rekordbären und Wild jeder Art hatte zu seinem protzigen Lebensstil gehört.) Auf einem anderen Photo fuhr Elena einem Dobermann liebevoll über den Schädel. Eine ganze

Serie zeigte sie vor einem geschmückten Christbaum. Dem Volk waren Weihnachtsfeiern strengstens verboten gewesen.
Auf einem der Porträts hatten die jungen Leute der einstigen ersten Dame des Landes einen Schnurrbart und Hörner aufgemalt. Dann hatten die verbitterten ZK-Besetzer das entstellte Photo mit einem Reißnagel an der Wand befestigt.

Auf dem Dach des ZK-Gebäudes wurde der Sturz der KP auch symbolisch vollzogen. Aus dem »Trăiască Partidul Comunist Român!« (»Hoch lebe die Rumänische Kommunistische Partei!«) wurde das verhaßte Wort entfernt und unter Jubelrufen auf den Platz geworfen. Inzwischen feierte auch die Nationale Christliche Bauernpartei, die seit 41 Jahren verboten war, irgendwo in Bukarest ihre Auferstehung.[1]
An diesem grauen, trüben Dienstag, der – nach mehreren milden Tagen – Bukarest einen plötzlichen Wettersturz brachte, wagte auch die Straße, die Revolution weiterzubetreiben. Wieder fanden sich Protestierende auf dem Universitätsplatz ein, wo sich fünf Tage zuvor der erste Widerstand formiert hatte. Und wieder waren es Studenten: »Jos Comunism!« (»Nieder mit dem Kommunismus!«) schrien sie. Wie die »Demokratische Partei« verlangten auch sie die Auflösung des alten Systems: Partei wie Securitate müßten weg.
In der »Televiziunea Română Liberă« meldeten sich erste besorgte Stimmen, die vor einer halben Lösung warnten. Allen voran trat Frau Cornea, die Dissidentin aus Cluj, die zum erstenmal in die Hauptstadt gekommen war, bei einer Podiumsdiskussion im Studio 4 für eine rasche Demokratisierung des geschundenen Landes ein: »Die Men-

schen müssen die volle Entscheidungsgewalt erhalten«, forderte sie bestimmt.
Schon in den ersten Tagen der Revolution hatten sich langjährige Dissidenten, darunter Mariana Celac, die Frau des 1987 aus dem Land vertriebenen Professors Mihai Botez, Radu Filipescu sowie das »Gewissen Rumäniens«, die zerbrechliche Sprachlehrerin, gegen ihre Vereinnahmung durch Iliescu gewehrt. Ohne Rücksprache waren alle bekannten Ceauşescu-Gegner pauschal der »Front« zugeordnet worden.[2]

Frontwechsel

Unterdessen war am Tag des neu entflammten antikommunistischen Protestes im ehemaligen Außenministerium, am Victoriei-Platz, die erste Sitzung der »Front« einberufen worden. Bei dieser Gelegenheit wurde die Gründung eines »Provisorischen Rates«, einer Übergangsregierung, bekanntgegeben. Ion Iliescu stand ihm als Präsident vor.
Universitätsdozent Petre Roman wurde in einem blitzschnellen Karriereschub zum Ministerpräsidenten ernannt. Militaru blieb weiterhin Verteidigungsminister. Stănculescu, der sich mit seiner Teilnahme am Ceauşescu-Prozeß öffentlich für die »Front« entschieden hatte, wurde Wirtschaftsminister. Mit den zusätzlichen Nominierungen von General Mihai Chiţac zum Innenminister und Hauptmann Mihai Lupoi[3] zum Ressortleiter Tourismus holte sich die »Front« überraschend viele Militärs ins Kabinett. Wohl in der stillschweigenden Absicht, die unzuverlässige Armee zu beruhigen. Doch im selben Atemzug setzte man den Militärs Gelu Voican als

Vizepräsidenten vor, zuständig für Sicherheits- und Militärfragen.
Offene Kritiker besänftigte Iliescu mit hohen Posten: So wurde Mazilu[4], dessen Regierungsversuch von der »Front« abgewürgt worden war, als zweiter Vizeministerpräsident eingebunden. Der rebellische Arbeiter Jussif aus der »Demokratischen Partei« wurde mit dem Versprechen gelockt, ins zukünftige Parlament einziehen zu dürfen.
Als weiteren Beweis für seine demokratische Gesinnung scharte der neuernannte Präsident unbescholtene Ceauşescu-Gegner um sich: Mehrere Studentenvertreter wurden zur ersten feierlichen Frontsitzung eingeladen. Laszlo Tökes, der die Tage der Revolution unter der Obhut der Armee in Mineu, seinem Verbannungsort, verbracht hatte, durfte ebenfalls kommen. Der Regimekritiker Andrej Pleşcu bekam den Posten des Kulturministers, der Poet des Widerstandes, Mircea Dinescu, band sich hingegen, überzeugt von der aufrechten Gesinnung Iliescus, freiwillig an die neue Macht.
Während die gemischte Gruppe – Kommunisten und Demokraten – daranging, das durch eine grausame Diktatur und ihren blutigen Umsturz belastete Land gemeinsam zu regieren, versprach Rumäniens neuer Mann zusätzlich die Auflösung der alten KP und den Verbleib der Securitate unter der Kontrolle der Armee. Der Reformkommunist beteuerte auch mehrmals im vollen Brustton der Überzeugung, daß die »Front« eine »Übergangslösung« sei. Ob sie überhaupt bei den ersten demokratischen Wahlen, die für April anberaumt wurden, antreten werde, sei noch nicht sicher.[5]
Aus allen Teilen der Welt wurde das neue Rumänien, das sich seine Freiheit mit einem hohen Blutzoll erkämpft hatte – auch wenn es in Wirklichkeit nicht 60000 Tote,

wie von der »Front« behauptet, sondern um die tausend Opfer waren – in Wort und Tat unterstützt.[6]
Schon am 22. Dezember, einige Stunden nach Ausbruch der Kämpfe, waren auf dem Flughafen Otopeni zwei Maschinen des Internationalen Roten Kreuzes mit sechs Tonnen Medikamenten an Bord gelandet. Die Hilfe blieb wegen der heftigen Kämpfe jedoch 48 Stunden lang im Flughafengebäude blockiert.[7]
Auf dem Landwege hingegen waren am 23. Dezember 30 Tonnen Medikamente, gespendet vom Britischen Roten Kreuz, in Bukarest eingetroffen. Die Fracht wurde nach Constanţa und Craiova, im Südwesten des Landes, weitergeleitet und dort verteilt.
Die Schweiz lieferte 27 Tonnen Kleidung, davon 1700 Wolldecken, sowie zehn Tonnen Trockenmilch und verschiedenste Lebensmittel. Während Österreich einen Hilfszug, inklusive mehrerer vollausgestatteter Operationsräume, nach Bukarest schickte, ließ die Bonner Regierung zwei Militärflugzeuge mit medizinischen Gütern einfliegen. Die Holländer sandten 27 Tonnen Güter in das umkämpfte Land.[8]
Moskau überflutete den »freundlichen Nachbarn« zuerst mit medizinischen Hilfslieferungen, die auf Lastwagen über die rumänisch-sowjetische Grenze geschickt wurden. Am 26. Dezember landete dann der erste sowjetische Versorgungsflieger auf dem wieder geöffneten Flughafen der Hauptstadt. Mit seiner sofort einsetzenden Hilfe – inklusive Rohöl, Gas und Strom – demonstrierte Moskau Solidarität. Es wollte zeigen, wie nahe ihm das Regime, das einen Weg »zwischen Kapitalismus und Sozialismus« gehen möchte, stand.[9]

Das Ende einer Illusion

Der neue Clan

Das erste durchschaubare Täuschungsmanöver der »Front« vollzog sich am 12. Januar 1990, nicht einmal zwei Wochen nach Ende des manipulierten Aufstands.
Nachdem wütende Demonstranten die neueingesetzte Regierung an ihre nichterfüllten Versprechen erinnert hatten, beschloß die »Front« an jenem Tag schweren Herzens die Auflösung der Kommunistischen Partei Rumäniens. Zugleich zog sie das gesamte Vermögen der Partei, das auf mehrere Millionen Dollar geschätzt wird, ein. Es floß in die Kasse der »Front zur Nationalen Rettung«. Da die neue Macht während der Revolution schon alle »lokalen Organisationen«, die dem alten Regime entsprechend alle kommunistisch waren, übernommen hatte, wurde die »Front« damit automatisch Nachfolgerin der unhaltbar gewordenen Einheitspartei.[1]
Im ersten Anlauf war der engste Kreis, etwa die Kommunisten Roman oder Militaru, mit guten Posten versorgt worden. In den Wochen nach der Revolution kamen ehemalige Bonzen aus der zweiten Reihe zum Zug: Altstalinist Marţian, der die Tele-Revolution so erfolgreich dirigiert hatte, wurde mit der Stelle des »Sekretärs des Exeku-

tivbüros des Rates der Front« belohnt. Der ehemalige KP-Sekretär für Jugendpropaganda, Ion Petru, wurde Dekan der Bukarester Universität. Der Parteisekretär von Iaşi, Surdu, bekam den Posten eines stellvertretenden Landwirtschaftsministers.[2]

Während die neuen Machthaber jede Verbindung zur KPR strikt abstritten, bekam die demokratische Opposition jedoch schon bei der kleinsten Herausforderung die alten Herrschaftsmethoden zu spüren. Als Ende Januar in Bukarest Hunderttausende gegen den Kommunismus demonstrierten, ließ Iliescu aus dem Kreis Tîrgu Jiu Minenarbeiter herankarren. Als allererste Warnung schlugen sie den Sitz der Bauernpartei zu Kleinholz. Die randalierenden Proletarier hatte sich der neue Präsident zuvor in einem geschickten Schachzug geködert. Er gestand ihnen erstaunliche Lohnerhöhungen, zusätzliche Lebensmittelrationen und eine Arbeitszeitverkürzung zu. Die schwer schuftenden Bergarbeiter hatten zu alledem unter Ceauşescu besonders schwer gelitten.[3]

Am 18. Februar, nur eineinhalb Monate nach der Machtübernahme, stürmten angebliche Iliescu-Gegner den neuen Regierungspalast auf dem Victoriei-Platz. Daraufhin wurde sofort das Demonstrationsrecht beschnitten. Am Tag darauf wurden wieder die schwarzen Männer aus den Kohlenminen in die Hauptstadt dirigiert.

In den entscheidenden Wochen vor der freien Wahl, die um einen Monat verschoben wurde, schlug der versteckte Terror in offenen um. Allen Oppositionsparteien – von der Liberalen bis zur Bauernpartei – wurde der Zugang zu den Massenmedien mit Hilfe der Gesetze aus der Diktatur, die Fernsehen und Radio der Kontrolle des Präsidenten unterwarfen, systematisch verwehrt. Außerhalb

von Bukarest, in Kreisstädten und Dörfern, prügelten Fanatiker im Auftrag des Apparates Veranstaltungen der oppositionellen Parteien systematisch auseinander.[4]
Die gezielte Manipulation der Bevölkerung – geschickte Schiebereien durch geschultes »Front«-Personal verfälschten noch zusätzlich die Ergebnisse – machte sich mehr als bezahlt: Am 20. Mai entfielen auf die »Front« 66 Prozent und auf Iliescu selbst sogar 85 Prozent der abgegebenen Stimmen. Das Ergebnis war so auffallend hoch, daß die Freude zur Peinlichkeit wurde.[5]

»Schwarze Gewalt«

Mitte Juni kamen dann Tausende Minenarbeiter zum drittenmal in die Hauptstadt, doch diesmal terrorisierten sie die ganze Bevölkerung und droschen von Oppositionellen bis zu unbeteiligten Passanten auf jeden ein.
Der Universitätsplatz, der symbolische Ort so vieler antikommunistischer Proteste, wurde von den tobenden Horden regelrecht besetzt. Wer es wagte, in die Nähe der mit Prügeln ausgestatteten Arbeiter zu kommen, wurde blutig geschlagen, bis er nur mehr wimmern konnte.
»Schrei schon, hoch lebe Iliescu!« brüllten die Männer mit den schwarzbemalten Gesichtern auf ihre am Boden liegenden Opfer ein, die sich kaum mehr regen konnten. Während Armee und Polizei, die vormalige Miliz, nirgends eingriffen, durften die Kommandos sogar Ausweise kontrollieren und Straßensperren errichten. Die meisten Opfer des Straßenterrors wurden von den losgelassenen Proletariern kurzerhand verhaftet. In den Seitenstraßen warteten die Kombis der Sicherheitskräfte und nahmen in aller Ruhe die zusammengedroschenen Gestalten auf.

Nachdem die Bergarbeiter am Morgen des 14. Juni gegen 5 Uhr früh in Bukarest eingetroffen waren, stürmten sie zunächst einmal die Fakultät für Architektur, wo sie Dutzende Studenten, darunter den Chef der »Liga der Studenten«, Marian Munteanu, krankenhausreif prügelten. Sie griffen jungen Frauen unter die Röcke, bevor sie das Mobiliar der Lehrstätte zu Kleinholz schlugen. Dann zogen einige Rollkommandos zu den Sitzen der Oppositionsparteien. Von Schreibmaschinen bis zu Telephonapparaten zerstörten sie alles. Eine weitere Schlägertruppe besetzte die Redaktion der Zeitung »România Liberă«, um das Erscheinen des regierungskritischen Blattes zu verhindern. Chefredakteur Uncu und sein Kollege Creangă, die beiden ehemaligen Ceauşescu-Gegner, mußten wieder in den Untergrund, um sich vor herannahenden Bergleuten in Sicherheit zu bringen.
Gerade noch verstecken konnte sich auch der streitbare Elektrofachmann Nica, der ebenfalls »gesucht« wurde. Er hatte nach seiner Verhaftung während der Revolution und einer baldigen Freilassung die »Frei-Demokratische Partei« gegründet. Als Mitglied des provisorischen Parlaments hatte der Ingenieur Iliescu wiederholt offen attakkiert. Der neue Präsident hat ihm das nicht verziehen.[6]
Dirigiert und bezahlt wurde der zweitägige Terror, bei dem sechs Menschen ums Leben kamen, 555 verletzt und 1200 verhaftet wurden, wieder von der »Front zur Nationalen Rettung«. Die schon allmächtige Partei hatte sogar zahllose Anhänger als »Fremdenführer« der ortsunkundigen Schläger aus der Provinz angeheuert, darunter auch die Sportlehrerin Popescu.
Die junge Frau war nach dem Volksaufstand, den sie so tatkräftig unterstützt hatte, auf Betreiben ihrer kommunistischen Mutter der »Front« beigetreten. Die gutorgani-

sierte Macht hatte ihr eine Stelle in einem der Lokalblätter, die sie ebenfalls von der KP übernommen hatte, verschafft. So konnte Daniela Popescu schlecht nein sagen, als der »Einsatzbefehl« kam.
Rund 80 ungeduldigen Minenarbeitern mußte sie zwei Tage und Nächte als »Hilfe« zur Verfügung stehen. Sie mußten ihnen Adressen von Iliescu-Gegnern beschaffen. Im riesigen Sportpalast auf der Piaţa Scînteia hatte die »Front« für Kost und Logis, inklusive berauschendem Trank, gesorgt.
In der weitläufigen Halle stellte sich am Nachmittag des 15. Juni Präsident Iliescu, der den fadenscheinigen Hilferuf mit der Gefahr »eines drohenden Rechtsputsches« gerechtfertigt hatte, seinen skrupellosen Helfern. Salbungsvoll bedankte er sich für den Totaleinsatz. Auf Staatskosten wurden die Kommandos dann zurück nach Tîrgu Jiu gekarrt.

Daß der Reformkommunist und designierte Präsident Iliescu noch vor seiner endgültigen Amtseinsetzung sich nicht mehr an demokratische Spielregeln halten und in einem raffinierten Zug seine Macht verfestigen wollte, hatte er dem eingeschüchterten Volk schon zwei Nächte zuvor in aller Deutlichkeit gezeigt. Während der brutalen Räumung des Universitätsplatzes, wo seit Wochen junge Oppositionelle in einem Zeltlager gegen die Regierung demonstriert hatten, prügelte und verhaftete die Polizei ohne Vorwarnung.
Am Morgen nach dem perfekten Staatsterror hatten dann unbedeutende Gruppen von Regimegegnern in der Innenstadt protestiert. Und plötzlich waren alle Sicherheitskräfte verschwunden. Obskuren Gewalttätern wurde das Feld überlassen. Bald brannten sowohl mehrere Polizei-

autos, die ohne Wachen auf dem Universitätsplatz geblieben waren, als auch eigentümlicherweise das sonst so gut gesicherte Innenministerium. Stunden später marschierten einige hundert Regimegegner zur Fernsehstation, aber auch dieser Protest wurde von sichtbar gutgeschulten Provokateuren manipuliert. Die Studenten und Jugendlichen demonstrierten friedlich. Doch auf der Glasbrücke, die die beiden Gebäude der Anstalt verbindet, warteten schon mehrere Männer. Armee-Angehörige und Polizisten schauten wieder in aller Ruhe zu, als die bulligen Gestalten mit gezielten Hieben Fenster einschlugen: ganz nach Art der alten Securitate.[7]

Das Comeback der Securitate

Der berüchtigte Sicherheitsdienst, der über vier Jahrzehnte das rumänische Volk drangsaliert und terrorisiert hatte, überlebte unbeschadet die Revolution. Er hatte sie ja selbst entfacht und geschickt gelenkt.

Noch in den Tagen der Kämpfe, am 24. Dezember, war die Direktion 5, die Ceauşescu-Leibwache, »reaktiviert« worden; ungefähr eine Woche später nahm schon der halbe Apparat, rund 4000 Mann, wieder den Dienst auf. Nach einer zweimonatigen Umstrukturierung, während der auch viele hohe Securisten sich entweder ins westliche Ausland absetzten oder als »Flüchtlinge« getarnt beim Klassenfeind eingeschleust wurden, war der Apparat wieder völlig intakt.[8] Allerdings mit einer neuen Führung, die von der Vergangenheit unbelastet schien. Den ehemaligen Sicherheitschef Vlad hatte man nach seiner sukzessiven Ausbootung am 31. Dezember zu guter Letzt doch noch verhaftet.[9]

Der neue starke Mann hieß erwartungsgemäß Măgureanu. Unauffällig wie seit zwei Jahrzehnten, seit er rekrutiert worden war, hatte der Iliescu-Freund schon in den ersten Januartagen in aller Stille die Strukturen des Apparats wiederaufgebaut. So wurden zwar die ursprünglichen sechs Direktionen, die Niederlassungen in den Kreisen hatten, straffer organisiert, und zahlreiche Abteilungen unterstellte man nun direkt der Zentrale. Im Grunde blieb jedoch alles beim alten.

Als zusätzliches »Standbein« wurde das »Generalinspektorat der Miliz«, das durch den mysteriösen Tod von General Nuţă verwaist war, enger an den Sicherheitsdienst gebunden. Das CID, das unter Ceauşescu die Daten von Spitzeln und Oppositionellen gespeichert hatte, wurde vom Platz des Palastes in das Büro des neubenannten »Generalinspektorats der Polizei« in der Eforie-Straße umgesiedelt. Zum Nuţă-Nachfolger und Chef des Generalinspektorats wurde General Corneliu Diamandescu, ein Freund Măgureanus, ernannt.

Als schließlich am 21. März der SRI (= Servicul Român de Informaţie), der »Rumänische Informationsdienst«, offiziel ins Leben gerufen wurde, war die Neuordnung des Dienstes praktisch schon abgeschlossen, und Măgureanu konnte sich als Chef des SRI gefahrlos der Öffentlichkeit stellen. Der »Servicul« hatte, wie »das Mausgesicht« ungeniert betonte, keinerlei Auftrag, die Bevölkerung zu bespitzeln. Es sei ein »Geheimdienst, wie es ihn in allen Demokratien gibt«. In Wahrheit ist der SRI in seiner Aufgabenstellung und zum Großteil auch personell mit der ehemaligen Securitate identisch.

– Dem Dienststellenleiter Măgureanu steht Oberst Mihai Stan als Stellvertreter zur Seite: Unter Ceauşescu war er stellvertretender Leiter der Direktion 2 gewesen.

- Zum Außenhandelsminister wurde nach der Revolution der Securist Nicolae M. Nicolae ernannt. Obwohl er nach einem öffentlichen Aufschrei zurücktreten mußte, blieb das Ministerium in der Hand ehemaliger Stasis, die das verzweigte Handelsnetz des alten Sicherheitsdienstes weiterhin koordinieren. Die Erlöse von lukrativen Firmen, die ebenfalls von Ex-Securisten gelenkt werden, fließen fortan in die Kasse des SRI.
- Der ehemalige zuverlässige Buchhalter über die Millionenbeträge, Gheorghe Crăiceanu, wurde sogar zum Chef der »Rumänischen Außenhandelsbank« ernannt.[10]
- Der Securist Barbonea, der am 21. Dezember bei dem Ceauşescu-Meeting randaliert hatte, stieg zum Berater von Iliescu auf.
- Der Sicherheitsoffizier Paul Jerbas bekam hingegen Auftrag, die Dossiers der Securitate unter Verschluß zu halten.[11]
- Constantin Gîrbea, ein ehemaliger Dolmetscher des Conducators, wurde zum Sprecher des Außenministeriums befördert, obwohl er angeblich Mitglied der alten Securitate war.
- Wie der Wendehals Gîrbea wurden zahlreiche Diplomaten im Außenamt verschoben. Entmachtet wurde kaum jemand.[12]

Wie straff die »Front« und die Securitate nach dem manipulierten Aufstand miteinander verbunden sind, demonstrierten die Juni-Ereignisse auch dem monatelang nachsichtigen Westen in krasser Weise. Dabei wurden schon seit dem Wahlkampf wieder Telephone abgehört. Oppositionelle wurden kriminalisiert und die heimischen Massenmedien manipuliert.

Selbst der Armee-Apparat, der in gewisser Weise mitgeholfen hatte, den Sturz des Diktators zu beschleunigen, blieb fest im Griff des Sicherheitsdienstes. General Stănculescu hatte zwar Ende Februar Militaru als Verteidigungsminister abgelöst. Seine Macht blieb jedoch begrenzt. Als er im Frühjahr 1990 einen eigenen Abwehrdienst gründen wollte, um der Bevormundung durch die Direktion 4, der »Militärischen Abwehr«, zu entschlüpfen, wurde er zurückgepfiffen. Die unruhig gebliebene Armee, in der sich Gruppen von Offizieren für eine Demokratisierung eingesetzt hatten, wurde daraufhin von der neustrukturierten Direktion 4, die ihre 15 Dienste in sechs zusammengefaßt hatte, noch fester kontrolliert.[13]
Nach einer kurzen Schreckminute im Dezember strebten zahllose unverbesserliche Securisten gierig zurück in den Sicherheitsapparat. Sogar der unbedeutende Ceauşescutreue Major David, der Ende Januar von einem Militärgericht vom »Terroristenverdacht« und überhaupt jeder Schuld freigesprochen wurde, hoffte inständig auf eine Wiederanstellung. Und er bekam sie.

Nachwort

Einer meiner allerersten Interviewpartner für dieses Buch war ein hoher Securist, den ich Anfang März 1990 in Bukarest – nach einer fast enttäuschend kurzen Überredungszeit – zu einem Gespräch in seiner Wohnung traf. Er servierte duftenden Kaffee, führte mir seine reizenden Kinder vor und redete fünf Stunden lang. Offen plauderte er über die Machenschaften des Sicherheitsdienstes, die er selbst wohl nicht ganz verstand; angespannt erforschte er sein Gedächtnis, wenn er über die heiklen Dezembertage ausholte: Er überzeugte als unerschöpfliche Quelle detaillierter Informationen, Kenner unbekannter Biographien und seltsamer Charakterzüge der Apparatschiks.
Ich war zufrieden, er schien erleichtert.
Nur drei Tage nach unserem ersten Kaffeeplausch trafen wir einander wieder. Diesmal gab es Schnaps und Selbstvorwürfe des Gastgebers, die so weit gingen, daß am Ende des ebenfalls mehrstündigen Treffens Mitleid angebracht war.
Beim dritten Rendezvous erzählte der Ceauşescu-Stasi genau das Gegenteil von dem, was er in unserem anfänglichen Gespräch berichtet hatte. Nein, warnte er, so war es wirklich nicht, und rauchte eine Zigarette nach der anderen.

Unser viertes Zusammenkommen – inzwischen war auch die Ehefrau den Unterredungen beigezogen worden – dauerte wiederum einen halben Tag. Während die Angetraute schweigend danebensaß, öffnete der Securist sein Herz und kündigte endlich die »wahre« Geschichte dieser Revolution an. Ich lauschte geduldig der noch mal geänderten Version, fragte dazwischen. Er wich aus. Ich insistierte, und er lächelte. Am Ende dieser Neuauflage der »Wahrheit« schrie ich ihn an, doch er verabschiedete sich mit herzlichem Händedruck und völlig erstaunter Miene.
In all den Monaten meiner Recherchen in Rumänien habe ich ähnlich sympathische, bemühte, hilfreiche und in der Regel völlig unzuverlässige »Quellen« angetroffen. Hohe Offiziere, die beteuerten, daß die Armee für nichts, aber wirklich nichts verantwortlich sei, was während des Umsturzes an Grausamkeiten geschehen war. Eingeschworene Kommunisten mit scharfem Intellekt, die eine jahrzehntelange Schreckensherrschaft in Anekdoten über die »krankhafte Eifersucht des Conducators« verniedlichten. Studenten, die mit schreckensweiten Augen von »Tausenden und aber Tausenden Toten« und mindestens ebenso vielen »Terroristen« berichteten, um am Ende zu gestehen, daß sie sich während jener Tage gar nicht in Bukarest aufgehalten hatten. Ehemalige Securisten hingegen protzten selbstsicher, daß der Blutzoll »nicht der Rede wert« sei.
Zuverlässige, »echte« Informanten flüsterten allerdings nur bei Parkspaziergängen und sträubten sich sogar in der abhörsicheren Natur gegen jede Frage. Sie hatten Angst.
Kenner des Balkans weisen immer wieder darauf hin, daß die lange Türkenherrschaft den Rumänen jede nationale

Identität, das 20. Jahrhundert jede Chance auf Grenz- und Staatssicherheit und der Kommunismus den letzten Mut geraubt haben. Die postrevolutionäre Regierung, die »Front zur Nationalen Rettung« – so könnte man hinzufügen –, hat das Volk um die späte Hoffnung auf Freiheit und Demokratie gebracht.

Der phantasiebeladene Orient, zynische Großmächte – ob sie Altösterreich oder Rußland hießen – sowie ideologiebewußte rote Bürokraten fungierten als Geburtshelfer jener Nation, die sich im Dezember 1989 »ihren« Aufstand stehlen ließ – stehlen lassen mußte. Denn paradoxerweise nennen sowohl Wissenschaft als auch Volksmund die Rumänen »mămăligă«, Maisbrei, der nicht explodiert und sanft und gefügig alles über sich ergehen läßt – kein Wunder, »die oben« haben ihnen Selbstachtung und politische Freiräume immer versagt.

Für die Brutalitäten während des Komplotts zeichnen deshalb vor allem jene verantwortlich, die sich nach jahrzehntelanger Kollaboration in fortgesetzter Feigheit automatisch gegen den Umbruch wehrten. Und es waren viele, die sich so aus der Verantwortung schlichen. Dementsprechend zäh ist die Erforschung jener widersprüchlichen Tage, wobei Mangel an Zivilcourage keine rumänische Erfindung ist. Mitteleuropäer, insbesondere Deutsche und Österreicher, haben da wohl niemandem etwas vorzuhalten. Doch eingebettet in eine Kultur, in der im Austausch für ein, zwei Hoffnungen jeder seinen Nächsten verraten kann, haben Mächtige ein besonders leichtes Spiel, vor allem wenn ihnen daran liegt, daß sich nichts Grundlegendes ändert.

Es ist beinahe grotesk, wie mühelos Iliescu und seine Mannen sich an die freigewordene Spitze putschten. Nicht einmal die drei Sonderkommandos der Securitate mußten die Manipulierer einsetzen. Das Gerücht über die Existenz von »Terroristen« genügte, den »Maisbrei« in Angst und Schrecken zu versetzen. Es war auch nicht notwendig, alles und jeden einzuweihen – von einer rationalen Planung ganz zu schweigen. Helfershelfer funktionieren in Diktaturen üblicherweise wie auf Rädern. Trotzdem: einer muß der »Täter« sein, und in diesem Fall kann man ihn getrost beim Namen nennen. Er heißt Iliescu.

Auf unüberbietbare Weise ließ der Verlagsdirektor alle Fäden bei sich zusammenlaufen, hielt auch Mitwisser an der kurzen Leine und verurteilte sogar Genossen zur Unsicherheit. Weder Roman, der Ministerpräsident, noch Brucan, der nun enttäuschte Theoretiker, nicht einmal der gewiefte Măgureanu wußten und wissen über alles Bescheid. Im Sumpf gut gepflegten Mißtrauens gedeiht (Präsidenten-) Macht natürlich wundervoll. So könnte auch nur Iliescu die lückenlose Aufklärung über seinen Aufstieg in jenen Tagen liefern, der ansonsten im Detail ähnlich undurchsichtig bleiben wird wie die Ermordung von John F. Kennedy.

Es ist nicht anzunehmen, daß uns Iliescu diesen Wunsch erfüllen wird.

Jonathan Ewal vom »Royal United Services Institute« in London hat mir sein umfassendes Wissen über Rumänien und viele Stunden seiner Zeit zur Verfügung gestellt.

Anhang

Anmerkungen

Vorwort

1. Siehe dazu Silviu Brucans aufsehenerregendes Interview in der Zeitung »Adevărul« am 28. 8. 1990, in dem der Parteitheoretiker offen eingestand, daß der Umsturz seit langem vorbereitet worden war.

Tyrannen leben einsam

1. Siehe dazu Interview mit Petre Roman in »Le Monde« vom 5. 1. 1990. Auch Silviu Brucan hat den Parkspaziergang in einem Interview im März 1990 bestätigt.
2. Siehe »România Literară«, die Wochenzeitung des rumänischen Schriftstellerverbandes, vom 3. 9. 1987.
3. Das Politische Exekutivkomitee entspricht dem Politbüro in den übrigen kommunistischen Parteien.
4. Iliescus Abstieg begann nach Aussage mehrerer Zeugen nicht im Jahre 1971, wie der Funktionär immer behauptete, sondern erst 1980. Iliescu selbst hat sich trotz mehrmaliger Anfragen geweigert, in einem Interview zu den Vorbereitungen und Ereignissen der Revolution Stellung zu beziehen.
5. Michael Shafir, Rumania, London 1985, S. 83.

6. »Süddeutsche Zeitung« vom 7. 2. 1983.
7. Nicolae Radu hat seinen »Ausstieg« aus dem Komplott in mehreren Interviews, unter anderem mit dem dänischen Fernsehen, erläutert. Siehe »Le Point« vom 21. 5. 1990.
8. Siehe dazu Ion Pacepa, Red Horizons, London, 1988, S. 193 ff. Die vom ehemaligen DIE-Chef erzählte Story einer angeblichen Liebschaft zwischen einer KGB-Agentin und Militaru dürfte einer übertriebenen Phantasie entsprungen sein. Sicher ist, daß Militaru auch bei westlichen Geheimdiensten als »Moskowiter« galt. Dazu auch Gesprächsprotokoll Militaru mit Jean-Paul Mari im Mai 1990 für den »Nouvelle Observateur«.
9. Laut privaten Quellen. Nach Aussage eines Securisten hatte Iliescu den General bei seinem Spaziergang von der Gründung einer anderen Gruppe mit Namen »Front« informiert.
10. Familienname geändert.
11. Für die Securitate haben neben den »Angestellten« rund 60000 Spitzel gearbeitet. Siehe auch APA vom 28. 2. 1990, wobei die nach der Revolution angegebenen Zahlen wohl verdoppelt werden müssen.

ENDZEIT-STIMMUNG

1. Siehe das Stichwort »Rumänien« im Munzinger-Archiv/IH-Zeitarchiv 27/88.
2. Siehe Michael Shafir, Rumania, London 1985, S. 81.
3. Ceauşescus Bruder Ilie schrieb 1983 ein Propagandabuch unter dem Titel: »Transsylvania: Ancient Rumanian Land«. Zitat ebd.
4. Siehe APA am 7. 7. 1989.

5. Dazu APA am 9. 7. 1989.
6. Die brutale Kollektivierungskampagne der KP wurde im März 1949 begonnen und dauerte bis April 1962.
7. Nach Schätzungen haben allein für diese »Leib- und Palastwache« rund 500 Männer gearbeitet.
8. Die Direktion 5 hatte zum Beispiel in der Molière-, in der Honesti- sowie in der Leonida-Straße weitere Stützpunkte.
9. Einer der von Vlad Verhörten war der KP-Theoretiker Silviu Brucan, der dem Securitate-Chef grenzenlosen Zynismus vorwirft. Gespräch mit Brucan im März 1990.
10. Siehe Ion Pacepa, Red Horizons, London 1988. Pacepa, der ehemalige DIE (= Departamentul de Informaţii Externe)-Chef, ist 1979 in den Westen gewechselt. Aus dem DIE wurde daraufhin das CIE.
11. Siehe Anhang. Vlad wurde zugleich zum Staatssekretär ernannt.
12. Der Bukarester Schwarzmarkt war praktisch in der Hand der Securitate: Oberst Traian Bascu von der Direktion 4 kontrollierte in den Hotels der Hauptstadt die Prostitution und den illegalen Geldwechsel.
13. Ştefan Andrei, bis zur Revolution stellvertretender Ministerpräsident und Mitglied des Politischen Exekutivkomitees, hatte mehrmals sogar in den Westen Signale gesandt, daß er einen Umsturz vorbereite. Nach der Revolution wurde er wie alle Mitglieder des Politischen Exekutivkomitees verhaftet und des »Völkermordes« angeklagt.
14. Mihai Marina wurde nach dem Aufstand ebenfalls arretiert und bald wieder freigelassen. Doch am 3. 5. 1990 wurde Marinas Familie plötzlich an einen unbekannten Ort umgesiedelt. Der Ex-Parteichef scheint

wie alle anderen gescheiterten Verschwörer von der »Front« ausgeschaltet worden zu sein.

15. Mihai Băcanu wurde am 22. 12. 1989 durch die Revolution befreit. Siehe dazu S. 129ff.
16. Brucan sagt, er habe Iliescu abgehalten, den Brief zu unterschreiben. Der Verlagsdirektor selbst gab in einem Interview mit Jean-Paul Mari zu, er habe nicht unterzeichnen wollen.
17. Siehe »Frankfurter Rundschau« vom 16. 3. 1989.
18. Iliescu, Roman und andere hohe »Front«-Mitglieder sollen nach der Revolution in den Gemeinden Buftea, Tîncabeşti und Peris Grundstücke mit 1500 Quadratmeter erstanden haben. Der Quadratmeterpreis lag bei lächerlichen zwei Lei.
19. Siehe »Frankfurter Rundschau« vom 16. 3. 1989.
20. Trotz des gespannten sowjetisch-rumänischen Verhältnisses war der Kontakt zwischen den Geheimdiensten beider Länder stets aufrechtgeblieben. Nach privaten Quellen.
21. Siehe Gesprächsprotokoll Militaru mit Jean-Paul Mari, dem der General freimütig seine Kontakte zu Vlad eingestand.
22. »Frankfurter Rundschau« vom 22. 9. 1989. Nach dem Machtwechsel meldete sich Professor Nisipeanu in Craiova und behauptete, er habe die »Front« gegründet. Es erscheint jedoch unglaubwürdig, daß es ihm gelungen sein könnte, die Erklärung in den Westen zu schmuggeln. Tatsächlich hatten mehrere westeuropäische Geheimdienste bereits im Frühjahr 1989 Kenntnis von der Gründung der »Front«. Der französische Außenminister Roland Dumas bestätigte im Januar 1990, daß Paris seit Monaten über die »Front« informiert gewesen sei.

»Hoch lebe der meistgeliebte Sohn unseres Volkes!«

1. Michael Shafir, Rumania, London 1985, S. 69–78.
2. Ceauşescu hatte offenbar mit der Rückgabe der Meistbegünstigungsklausel versucht, sein im Westen leicht angeschlagenes Image zu retten.
3. Die Rückzahlung der Auslandsschulden ließ Ceauşescu mit Feiern begehen, in denen seine »Staatskunst« gelobt wurde. Per Gesetz wurde im April 1989 jede weitere Aufnahme von Auslandskrediten untersagt.
4. Der verstorbene bayrische Ministerpräsident Franz Josef Strauß wurde von mehreren Zeugen als Gast des rumänischen Staatschefs bei der Jagd in den Karpaten gesehen.
5. Von dem verzweigten Kontrollsystem war sogar die Securitate nicht ausgenommen. In den Inspektoraten mußten die Sicherheitsoffiziere den zuständigen Parteisekretär über größere Einsätze informieren.
6. Der unvollendete »Palast der Republik« ist heute für Besichtigungen freigegeben. Wegen seiner gigantischen Größe ist er für nichts zu gebrauchen.
7. Siehe APA vom 20. 11. 1989. Die Bessarabien-Passage in Ceauşescus Rede hat nach Ansicht von Experten die weitere Haltung der UdSSR entscheidend bestimmt.
8. Nach Aussage Militarus gegenüber Jean-Paul Mari war Iliescu während des Parteitages unter Beobachtung der Securitate. Eine Quelle, die nicht genannt werden will, bestätigt den Rettungsversuch durch Vlad.
9. Siehe Anhang, Direktion 4.

10. Siehe Interview mit General Stănculescu vom Mai 1990. Ungarische Quellen behaupten, Stănculescu habe zugesichert, die Armee werde in keinem Fall eingreifen.
11. Gespräch mit Brucan im Mai 1990: Freimütig gestand er, daß er mit Iliescu fast wöchentlich die sowjetische Botschaft in der Kiseleff-Allee besucht habe, um die »Prawda« zu lesen. Zudem konnte Brucan trotz Hausarrest im November 1989 Moskau besuchen. Iliescu seinerseits ließ nach der Revolution seine persönliche Verbindung zu Gorbatschow als Gerücht im Raum stehen. Nach Auskunft der sowjetischen Botschaft in Bukarest kannte der Kreml-Chef aber den Rumänen »persönlich sicher nicht«.
12. Măgureanu hat in der zweiten Hälfte des Jahres 1989 mehrere Reisen in die UdSSR unternommen. Nach privaten Quellen.
13. Bei diesen Kontakten wurden ausschließlich Ceauşescu-kritische, aber nicht antikommunistische »Kandidaten« aufgesucht.
14. Mitte Oktober hatte Ceauşescu einem Supermarkt einen überraschenden Besuch abgestattet und dabei außer leeren Regalen nichts gefunden. Der aufgebrachte Conducator hatte daraufhin die Schließung des Schwarzmarktes befohlen sowie seinen Untertanen 200 Gramm Salami, ein Kilo Fleisch ohne Knochen und ein Kilo sogenanntes Suppenfleisch pro Monat verordnet. In der Praxis änderte sich allerdings kaum etwas.
15. Siehe »Scînteia« vom 2. 12. 1989.
16. Dazu »Scînteia« vom 12. 12. 1989. Im Spätherbst 1989 war es zu einer regelrechten Massenflucht nach Ungarn gekommen. Die rumänischen Grenzsoldaten

schienen dabei zuzusehen. Auch deshalb wurden diese Truppen dem strengen Innenministerium unterstellt.

TIMIŞOARA!

1. Dazu Interview mit Tökes im April 1990 und Interviews mit Securisten, die ungenannt bleiben wollen.
2. Die Unruhen vor dem Kreisparteiamt schienen nach Aussagen mehrerer Zeugen von Securisten provoziert.
3. Der Protest in Iaşi ist schiefgelaufen, der in Timişoara offenbar der »Regie« entschlüpft.
4. Der entmachtete Olteanu wurde zum Bürgermeister von Bukarest und dann zum Sekretär für Propaganda im ZK ernannt.
5. Siehe dazu Gesprächsstenogramm der Sitzung, veröffentlicht am 10. 1. 1990 in der rumänischen Tageszeitung »România Liberă«.
6. Seit Oktober 1966 waren Abtreibung und Verhütungsmittel verboten. Um das Bevölkerungswachstum zusätzlich von oben zu dirigieren, wurde Unverheirateten eine sogenannte »Zölibatssteuer«, zehn Prozent des Gehaltes, abgezogen.
7. General Nuţă soll verschiedenen Quellen zufolge trotz seiner Loyalität einen eigenen Verschwörerzirkel aufgebaut haben. Siehe dazu S. 166.
8. General Coman war neben Ilie Ceauşescu, dem Bruder des Conducators, der Chef des Politischen Rates in der Armee und als eine Art »Politkommissar« für die Verbindungen zwischen Militär und ZK zuständig.
9. Der Schießbefehl traf um 16.40 Uhr aus Bukarest ein. Nach privaten Quellen.

10. Wie viele Tote es tatsächlich in Timişoara gegeben hat, ist im nachhinein nicht mehr festzustellen. Keine Stelle will oder kann darüber Auskunft geben. Während die Kreisklinik plötzlich von nur mehr 100 Toten spricht, haben Gruppen von Studenten 147 Tote ermittelt. Es ist anzunehmen, daß es zwischen 100 und 150 Tote gegeben hat. Siehe dazu Interview mit Dr. Dressler und Dr. Babuşceac vom April 1990 sowie »Libération« vom 4. 4. 1990.
11. Nach der Sitzung des Politischen Exekutivkomitees am 17. 12. 1990 ließ sich Ceauşescu auch mit allen Kreisparteisekretären in einer sogenannten »Telephonkonferenz« verbinden und die Patriotischen Garden, die der Partei unterstanden, aktivieren. Am Tag darauf waren Tausende Arbeiter aus Craiova mit Stöcken ausgerüstet in Richtung Timişoara unterwegs, kamen jedoch nicht zum Einsatz.
12. Dazu Interviews mit Professor Rădulescu und Dr. Babuşceac im April 1990. Der österreichische Journalist Leo Brunnsteiner, der sich zum fraglichen Zeitpunkt in Timişoara befand, sah nach jenem 18. Dezember ebenfalls keine Toten mehr.
13. Dazu mehrere Interviews mit ORF-Journalisten im April 1990.
14. Siehe dazu AFP, Reuter, MTI am 18. 12. 1989. Die Entscheidung über das Einreiseverbot (alle Länder außer China, Nord-Korea und Libyen) wurde bei einer gesonderten Sitzung am 17. 12. 1989 von Ceauşescu getroffen. Dazu »România Liberă« vom 19. 1. 1990.
15. Siehe dpa vom 19. 12. 1989.
16. Neben dem CIE gab es noch den CI (= Contra Informaţie), die »Gegenpropaganda«, die innerhalb des

Landes operierte und unter anderem auch die Armee bespitzelte. Siehe Anhang.

17. Siehe dazu ORF, »Zeit im Bild« 2, am 19. 12. 1989.
18. Laut Telephonat mit Monteanu und Dr. Orescu bei »Radio Free Europe« in München und »Libération« vom 4. 4. 1990.
Auch die Revolution in der ČSSR war von einer ähnlichen Desinformationskampagne begleitet: So stellte sich der angebliche Tod eines gewissen Schmidt am 17. November 1989 als »Ente« heraus. Eine von Präsident Václav Havel eingesetzte Kommission fand Hinweise darauf, daß der KGB hinter der Manipulation gesteckt haben könnte. Als »Kandidat« Moskaus war offenbar Stenek Mlynář, ein Studienfreund Gorbatschows, ausersehen worden. Siehe dazu BBC-Dokumentation vom Frühjahr 1990.
19. Dazu Gespräche mit Dr. Dressler und Dr. Babușceac im April 1990.
20. Siehe dazu Gesprächsprotokoll Rațiu mit Dagobert Lindlau vom April 1990.
21. Dazu Interview mit Oprea und Oancea im April 1990 in Timișoara.
22. Interviews mit Oprea und Vasile Bogdan im April 1990.

Bukarest erwacht

1. Die Studenten hatten ihren Protest schließlich auf den 24. Dezember verlegt. Zu diesem Zeitpunkt war die Revolution jedoch bereits in vollem Gange.
2. Siehe TV-Übertragung vom 21. 12. 1989.
3. Der sowjetische Botschafter ist am 25. Dezember wieder nach Bukarest zurückgekehrt. Siehe TASS vom 26. 12. 1989.

4. Im CEDOR-Institut arbeitete auch Brucan, der KP-Theoretiker.
5. »The Globe and Mail« vom 20. 12. 1989 sowie Gespräche mit Leon Nica im April und Mai 1990.
6. Laut Interview mit TV-Angestellten. Da aufgrund der nur dreistündigen Sendezeit pro Tag (aus Spargründen) die Station in der Regel verwaist war, fielen die zusätzlichen Sicherheitsbeamten um so mehr auf.
7. Siehe TV-Übertragung vom 21. 12. 1989. Die Ereignisse auf dem Platz wurden von Arbeitern, die verständlicherweise nicht genannt werden wollen, geschildert.
8. Mehrere Zeugen bestätigten, daß Roman, völlig in Schwarz gekleidet, den Vormittag im Polytechnischen Institut verbrachte und daher, anders als er vortäuscht, den Protest nicht organisiert haben kann. Roman wurde auch am Nachmittag des 21. 12. nicht im Zentrum gesehen.
9. Interview mit Filipescu im März 1990 und »amnesty international Jahresbericht 1987«, S. 425.
10. Die Securitate besaß eine Kopie des Generalschlüssels und hatte im vierten Stock mehrere Zimmer für sich reserviert, von wo aus der Universitätsplatz beobachtet wurde.
11. Der Funkverkehr auf der Frequenz 143–170 MHz wurde von der »România Liberă« im Mai 1990 veröffentlicht.
12. Dazu Interview mit Stănculescu im Mai 1990.
13. Am 17. 12. waren wegen Timişoara alle Einheiten des Innenministeriums und daher auch alle Direktionen in »Alarmbereitschaft« versetzt worden. Dazu Interviews mit Major David und Hauptmann Mihai Lupoi im März 1990.

14. Interview mit Major David, ebd.
15. Dazu Interviews mit Mitgliedern der Direktion 5.
16. Laut Interview mit Mihai Lupoi im März 1990 sowie Oberst Lăzărescu von der Direktion 5 im Gespräch mit Jean-Paul Mari.
17. Lokalaugenschein mehrerer Journalisten Ende Dezember 1989 sowie Interviews mit mehreren Securisten. Die nach der Revolution dort entdeckten Essensreste stammten von Männern der D 5, die in der Nacht auf den 22. Dezember im Bunker Wache hielten.
18. Das Dekret berechtigte jene Abteilungen, die bewaffnet waren, die D 4 und die D 5, automatisch zum Einsatz der Waffen.
19. Zum Firmennetz siehe »L'Evènement du jeudi« vom 5.7. 1990, S. 36ff.
20. Zahlen wie »0195« sind lediglich Postfächer der einzelnen Einheiten, deren Standorte wie auch die von Kasernen streng geheimgehalten wurden. Sicher ist aber, daß die Einheit »0620A« in der mittelrumänischen Stadt Buzău stationiert war.
21. Im März und April 1989 hatte Doina Cornea »offene Briefe« an Ceauşescu gerichtet, in denen sie gegen die Unterdrückung der Intelligenz und die Verfolgung von Mircea Dinescu und Ana Blandiana protestierte. Siehe Interview mit Coen Stork im April 1990.
22. Siehe das Gespräch mit ausländischen Hilfsorganisationen, die in den ersten Tagen der Revolution eine genaue Aufstellung der ersten Toten erarbeiteten, sowie Interviews in der Colţea-Klinik und dem Urgenţia-Krankenhaus. Wie in Timişoara hatte die Securitate auch in Bukarest in der Nacht auf den 22. Dezember 1989 versucht, Verletzte aus den Krankenbetten zu verhaften.

Tatort ZK-Gebäude

1. Die Armee, die sich nach dem Ende der Unruhen zurückgezogen hatte, tauchte am Morgen des 22. Dezember wieder auf und umstellte den Universitätsplatz und den Platz des Palastes.
2. Laut Interview mit Major David vom März 1990.
3. Die Ernennung des Militärs Pîrcalăbescu zu einem der Chefs der Patriotischen Garden, die ja der Partei unterstanden, war typisch für die permanente gegenseitige Kontrolle, der Ceauşescu jeden Apparat unterwarf.
4. Bestätigt von mehreren Ärzten.
5. Die Rücknahme des Schießbefehls erging an alle Einheiten im ganzen Land. Nach privaten Quellen.
6. Dazu Interviews mit Mihai Lupoi im März und Mai 1990.
7. Dazu Interviews mit General Stănculescu und Major David.
8. Ceauşescu hätte ohne weiteres über mehrere geheime Ausgänge aus dem ZK-Haus entkommen können. Die Flucht im Helikopter war zwar spektakulär, aber keineswegs naheliegend.
9. Dazu Interviews mit Major David und anderen Securisten, die nicht genannt werden wollen.
10. Dazu Interviews mit Leon Nica im März und Mai 1990.
11. Siehe dazu »Cronica insingerată a Bucureştului in revoluţie«, Bukarest 1990. Auf einem der Photos ist die Absperrung der Securisten deutlich zu sehen.
12. Dazu mehrere Interviews mit TV-Angestellten.

1. In den Städten Cluj, Arad und Oradea war es am 21. Dezember zu kleineren Demonstrationen gekommen, allerdings hatte der Sicherheitsapparat alle Proteste fest unter Kontrolle.
2. Siehe Gespräche mit Militärs im April in Timişoara und »Libération« vom 4. 4. 1990.
3. Interview mit dem neuen Chef der Kreisklinik, Dr. Babuşceac, im April 1990.
4. Zu Băcanu siehe S. 129.
5. Sergiu Nicolaescu tauchte während der Revolution immer wieder auf und steht mit der höchsten Machtspitze auf gutem Fuß, unter anderem auch mit Securitate-Chef Vlad. Nach privaten Quellen.
6. Die Anwesenheit des KP-Funktionärs wurde von mehreren TV-Angestellten bestätigt. Siehe dazu auch Gesprächsprotokoll Militaru mit Jean-Paul Mari.
7. Romans Auftritt im Studio des ZK-Hauses wurde von mehreren Zeugen beobachtet. Das Dekor während seiner Ansprache ist auf den zweiten Blick deutlich verschieden von allem, was im Studio 4 zu sehen war.
8. Von mehreren Zeugen bestätigt.
9. Niederschrift des Programms vom »Freien Rumänischen Fernsehen« am 22. 12. 1989.
10. Die Securitate hatte seit jeher im Hauptkontrollraum ihre Männer sitzen. Die Abschaltung am 22. 12. 1989 erfolgte aus dem Studio 5, durch das die Leitungen des »Revolutionsstudios« liefen und das in der Hand der Securitate war.
11. Die meisten Vorgänge im ZK-Haus, inklusive Vlads Anwesenheit und Gespräche, wurden gefilmt. Die

Bänder wurden nur zum Teil veröffentlicht und werden in Bukarest unter der Hand »verkauft«.
Ebenso wurden alle Vorgänge auf dem Platz des Palastes am Nachmittag des 22. 12., als noch keine westlichen Journalisten anwesend waren, von Videokameras festgehalten.

12. Wer die Waffen im ZK-Haus verteilen ließ, ist unklar.
13. Siehe Interview mit Mazilu im März 1990.
14. Auf den Videobändern zu sehen.
15. Siehe dazu »Tineretul Liber« vom 30. 3. bis 10. 4. 1990.
16. Das Treffen wurde ebenfalls zum größten Teil gefilmt.
17. Diverses Filmmaterial sowie Interviews mit Augenzeugen.
18. Interview mit Leon Nica im März 1990.
19. Siehe Stenogramm der Unterredung, abgedruckt in »România Liberă« am 10. und 11. 5. 1990. Die Filmaufnahmen wurden von TF 3 ausgestrahlt.
20. Neben Măgureanu hatte auch Oberstaatsanwalt Nicolae Popovici, der nach der Revolution verschwunden blieb, den ganzen Nachmittag im ZK-Haus verbracht.
21. Auffallend ist, daß Militaru genau sechs Monate zuvor Iliescu zu dem Spaziergang im Herăstrău-Park getroffen und den Verlagsdirektor – gemäß der Information eines anonymen Securisten – damals bereits über die Gründung der »Front« informiert hatte.
22. Die blauen Lichtzeichen sind auf einem privaten Videoband deutlich erkennbar.
23. General Tiaca soll schon bei der Sitzung am 21. 12. in Bukarest seinen Einheiten befohlen haben, die Kontrollen zu verstärken. Die Nacht auf den 23. 12. blieb der Ceauşescu-treue Offizier im Hauptquartier der Grenztruppen.

24. Das Gebäude, in dem sich die Studios befinden, hatte nach der Revolution keinen einzigen Einschuß. Da es mit Mosaiksteinen verziert ist, wären Kampfspuren leicht zu erkennen gewesen. Die Schußrichtung verläuft ausschließlich von der Fernsehstation weg zu den umliegenden Villen.
25. Die erste Liste der »Front« wurde in der »România Liberă« am 24. 12. 1989 veröffentlicht.
26. Dazu ein Interview mit Mazilu vom März 1990, der noch eine Kopie seines veränderten Programms besitzt. Brucan bestätigte in einem Gespräch die Umarbeitung.
27. Die Erklärung Vlads wurde sowohl im Fernsehen als auch im Radio gesendet. Siehe TV-Aufzeichnung vom 23. 12. 1989.

Krieg ohne Fronten

1. Am Morgen des 23. 12. wurde sogar die Urgenţa-Klinik auf der Dorobanţilor-Straße unter Beschuß genommen, wobei sich nach einer Stunde herausstellte, daß Armee und Zivilisten einander bekämpft hatten.
2. Siehe dazu S. 200ff.
3. Am 23. 12. veröffentlichte die Regierung in Moskau ein Kommuniqué, in dem unter anderem der »Weg zur Demokratie«, den Rumänien unter der Führung der »Front« eingeschlagen habe, begrüßt wurde. Die Zurückweisung militärischer Hilfestellung, unter anderem durch Ministerpräsident Nikolaj Ryschkow am 23. 12. und durch Marschall Sergej Akhromeyew, Gorbatschows Militärberater, am selben Tag deutete darauf hin, daß vor allem die Rote Armee gegen ein rumänisches Abenteuer war.

Abgesehen davon: Da es keine Terrorkommandos gab, brauchte man ohnehin keine großangelegte militärische Unterstützung durch die UdSSR, die sogar der Westen »gebilligt« hätte. Siehe AFP, TASS vom 23. 12. 1989 und IHT vom 2. 2. 1990.

4. General Militaru war im ständigen Kontakt mit Pytor Lushew, dem Oberkommandierenden der Truppen des Warschauer Pakts. Siehe Interview Mihai Lupoi und Gesprächsprotokoll Militaru mit Jean-Paul Mari.
5. TV-Aufzeichnung des Gesprächs. Da das ZK-Haus keine Kommandostelle war, ist es höchst unwahrscheinlich, daß Moskau oder ein anderer Ostverbündeter dort mitten in der Nacht anfragen würde. Außerdem gibt es im Verteidigungsministerium direkte Leitungen zu allen Verbündeten. Offenbar sollte Guşe kompromittiert werden.
6. Während der Nacht hatte Guşe mehrmals versucht, General Stănculescu telephonisch zu erreichen, und gab schließlich den Befehl weiter, »Stănculescu zu verhaften und zu erschießen«, falls sich der Vizeminister nicht melden würde. Stănculescu rief daraufhin im ZK-Haus an, kam aber nicht.
7. Am 23. 12. meldete die sowjetische Nachrichtenagentur TASS, daß Iliescu General Militaru zum neuen Verteidigungsminister ernannt habe.
8. Nach der Revolution wurden von der Armee mehrere interne Berichte über die »Hubschrauber-Invasion« angefertigt und bald wieder abgelegt.
9. Unter dem »Palast der Republik« hatte Ceauşescu ebenfalls Tunnel und Atombunker bauen lassen, die bei Ausbruch der Revolution aber noch nicht fertiggestellt waren.
10. Tiaca wurde am 23. 12. von Geanţă »entmachtet«,

blieb jedoch nach der Revolution Kommandant der Grenztruppen.

11. Ende Februar 1990 hatte General Stănculescu bei einer Pressekonferenz eingestanden, daß der Zwischenfall auf einem »Irrtum« beruhe und die Opfer »Helden der Revolution« seien. Siehe PK von Stănculescu am 21. 2. 1990.
12. Der »Fall Nuţă« wurde am 11. 2. 1990 vom zuständigen Militärstaatsanwalt geschlossen. Das Haus des Generals in Bukarest ist seit Dezember 1989 hermetisch abgeriegelt.

Die Verzweiflung steigt

1. Der abgesprungene DIE-Chef Pacepa erzählte in Interviews von einem sogenannten Plan Z-Z, den Ceauşescu für den Ernstfall hatte ausarbeiten lassen. Andere Quellen behaupten, daß zahllose Waisenkinder zu ergebenen Terroristen ausgebildet worden seien. Ein polnischer Diplomat glaubte zu wissen, daß die »Terroristen« auch »Kinder des Adlers« genannt würden. Keine dieser Angaben hält einer Überprüfung stand. Siehe dazu u. a. »International Herald Tribune« vom 23./24./25. 12. 1989.
2. Die Toten wurden üblicherweise direkt in das Gerichtsmedizinische Institut gebracht. Die in den Krankenhäusern Verstorbenen blieben hingegen in den Leichenhallen der Kliniken. Eine zentrale »Zählliste« gab es nicht.
3. Rădulescu war ein in den Ruhestand versetzter Militär, der unter dem Verdacht stand, für die Securitate gearbeitet zu haben. Siehe Interview mit Leon Nica im April 1990 und private Quellen.

4. Siehe dazu Interview mit Major David sowie mehreren Securisten im März 1990.
5. Siehe dazu Interviews mit Brucan und Lupoi im März und Mai 1990.
6. Am 24. 12. hat Măgureanu im Namen der »Front« im Fernsehen gesprochen.
7. Siehe dazu die einmalige Ausgabe von »Scînteia Populum« vom 23. 12. 1989.
8. Siehe Transkript der TV-Rede.
9. Das Timişoarer »Komitee«, das ursprünglich von Studenten und unorganisierten Arbeitern gegründet worden war, wurde zu diesem Zeitpunkt bereits von dem Universitätsdozenten Lorin Fortuna und dem wissenschaftlichen Assistenten Claudiu Jordache angeführt. Jordache wurde bald Präsident der »Front« in Timişoara. Siehe dazu Interviews mit Fortuna und Jordache im April 1990 in Timişoara.

Tag der Rache

1. Siehe dazu Interviews mit Brucan und Lupoi im März 1990.
2. Siehe dazu mehrere Berichte der französischen Presse vom Mai 1990.
3. Siehe dazu »Tineretul Liber«, 20. 3. bis 10. 4. 1990. Ministerpräsident Roman sagte in einem Interview mit der französischen Zeitung »La Croix-Evènements« am 30. 12. 1989, daß eine »Fallschirmspringer-Einheit« bereitstand, den Conducator »zu befreien«. Es gibt allerdings keine Hinweise auf solche Befreiungsversuche.
4. General Popa starb Anfang März 1990 durch Selbstmord. Die Familie des Toten beschuldigte die Regie-

rung hernach, den General in den Freitod getrieben zu haben. Siehe »Le Monde« vom 6. 3. 1990.

5. Siehe dazu Filmmaterial, das Ende April 1990 von TF 1 ausgestrahlt wurde. Bei der Fesselung der Ceauşescus ist zu erkennen, daß die Kragenspiegel fehlen. Der Schnitt der Uniformen der Kommandotruppen der Securitate unterscheidet sich leicht von dem der Armee.
6. Auf dem Film ist, nach dem heftigen Feuer, eine lange Blutspur zu sehen, die hinter dem Schädel von Elena Ceauşescu hervorrinnt, während im Gesicht keine Verletzung zu sehen ist. Ebensowenig ist bei Nicolae Ceauşescu eine Einschußwunde zu bemerken. Man kann daraus schließen, daß die beiden Gefangenen bereits am Boden lagen.
7. Die Beisetzung, die ebenfalls gefilmt wurde, fand am 31. Dezember 1989 statt und wurde von Gelu Voican organisiert.
8. Siehe Interviews mit TV-Angestellten.
9. Ebd.
10. Mehrere hohe »Front«-Mitglieder, darunter der inzwischen verstorbene Vizeaußenminister Corneliu Bogdan sowie Casimir Ionescu, einer der Vizeministerpräsidenten, bekräftigten in Pressekonferenzen am 27. 12. 1989 die Zahl von angeblich 60000 Toten.
11. Siehe dazu Interviews Codruţa Parasciv und Alain Michel im Mai 1990 sowie Videobänder von »Equi Libre«.
12. Siehe dazu Aufnahmen von Josy Dubié (RTBF).
13. Siehe dazu ORF, »Zeit im Bild«, am 26. 12. 1989.

1. Chef der Bauernpartei wurde Ion Raţiu, der im Januar 1990 nach 50 Jahren Exil nach Bukarest zurückkehrte.
2. Siehe dazu Interview mit Filipescu im März 1990.
3. Mihai Lupoi wurde im Februar 1990 nach politischen Auseinandersetzungen mit Ministerpräsident Roman seines Amtes wieder enthoben. Im Juli 1990 suchte er in der Schweiz um politisches Asyl an, nachdem gegen ihn mehrere Attentatsversuche verübt worden sein sollen.
4. Mazilu verließ die Regierung Mitte Januar 1990 wieder.
5. Siehe ORF-Interview mit Iliescu am 26. 12. 1989.
6. Nach der Revolution hat Generalstaatsanwalt Robu die endgültige Zahl der Revolutionsopfer mit 1033 und die der Verletzten mit 2198 angegeben. Siehe »Diminata« vom Mai 1990.
7. In Otopeni kämpften Armee-Einheiten gegen Securisten, die aus Băneasa herbeigerufen worden waren, um ihrerseits die »Terroristen« zu bekämpfen. Es gab bei diesem absurden Gefecht 30 Tote und zahlreiche Verwundete. Der Flughafen war drei Tage lang gesperrt.
8. Mehrere westeuropäische Regierungen, darunter auch die Bundesrepublik und Frankreich, boten der Revolution auch ihre Antiterroreinheiten an: GSG-9-Mitglieder warteten an der ungarisch-rumänischen Grenze auf einen Einsatz, während die Franzosen eine GIGN-Einheit bei Russe an der bulgarisch-rumänischen Grenze postierten; eine andere bewachte die französische Botschaft in der Amzei-Straße in Bukarest. Die Amerikaner hingegen hatten am 24. Dezember den Großteil ihres Botschaftspersonals evakuiert.

9. Bis Anfang Februar 1990 hatte die UdSSR 22 Kubikmillionen Liter Rohöl und 5,65 Milliarden Kilowatt Strom geliefert, wobei nach Auskunft der sowjetischen Botschaft in Bukarest die Probleme hauptsächlich im Transport lagen. Moskau war bereit, so ein Experte, die »Front« unbegrenzt zu unterstützen.

Das Ende einer Illusion

1. Am 12. 1. 1990 wurde die KP aufgelöst und ihr Vermögen eingezogen. Am Tag darauf wurde die Partei wieder zugelassen, ihr Vermögen blieb aber in der Hand der provisorischen Regierung. Da Partei und Staat in KP-Systemen so eng verknüpft sind, ist es praktisch unmöglich, das Vermögen der KPR zu schätzen.
2. Auf Druck der Opposition wurde Mitte Februar der provisorische »Rat der nationalen Union« ins Leben gerufen, der bis zu den Mai-Wahlen die Funktion eines Parlaments ausübte. Die Hälfte der insgesamt 225 Abgeordneten wurden mit »Front«-Männern besetzt, während alle übrigen Parteien sich die andere Hälfte der Sitze teilen mußten. Siehe »Le Monde« vom 28. 2. 1990.
3. 1977 waren in den Minen von Tîrgu Jiu Streiks ausgebrochen, worauf die Securitate den gesamten Kreis hermetisch abriegelte und eine massive Unterdrükkungskampagne einsetzte. In die Minen wurden daraufhin zahlreiche Sicherheitsbeamte eingeschleust, die auch nach der Revolution nicht verschwanden und höchstwahrscheinlich bei den Einsätzen in Bukarest federführend mitmachten. Die von Iliescu herbeigekarrten Bergleute wurden von der Bevöl-

kerung die »Minenarbeiter des Innenministeriums« genannt.

4. Anfang Mai 1990 wurde der Präsidentschaftskandidat der Bauernpartei, Raţiu, in Buzău von »Front«-Fanatikern angegriffen. Auch in Städten wie Ploeşţi wurden Veranstaltungen der Opposition systematisch auseinandergetrieben.
5. So geschehen in Ghermăneşţi und Tîncabeşţi, 30 Kilometer von Bukarest entfernt, wo Kontrolleure der »Front« sogar mit in die Wahlzellen gingen. Brucan, der zum Zeitpunkt der Wahl seine Position als Leiter des außenpolitischen Ausschusses der »Front« zurückgelegt hatte, bedauerte das hohe Ergebnis.
6. Leon Nica, der bis zur Wahl im provisorischen »Rat der nationalen Union« als Abgeordneter saß, wurde Ende Juni zusammen mit dem Studentenführer Munteanu angeklagt, Drahtzieher des »rechtsgerichteten Putsches« gewesen zu sein.
7. Das »Freie Rumänische Fernsehen« wurde in den Tagen des Staatsterrors gleichgeschaltet und denunzierte in altstalinistischer Manier alle Iliescu-Gegner.
8. Die im Ausland stationierten Securisten hatten Ende Dezember den Befehl bekommen, sich vorübergehend »ruhig« zu verhalten und auf weitere Order zu warten. Vor allem im Januar reisten zahlreiche hohe Sicherheitsfunktionäre ins westliche Ausland. Anfang April verschwanden viele von ihnen wieder.
9. Während bei verschiedenen Prozessen wie dem in Timişoara ehemalige Generäle wie Emil Macri, der Chef der Direktion 2, und Ion Coman vor Gericht kamen, wurde gegen Vlad erst am 10. 9. 1990 Anklage erhoben. Siehe AFP vom 10. 9. 1990.
10. Siehe dazu »L'Evènement du Jeudi« vom 5. 7. 1990.

11. In einem Interview sagte Brucan im Mai 1990, er sei der einzige, dem es gelungen sei, sein Dossier der Securitate zu entreißen.
12. Ion Goriţa, unter Ceauşescu Vize-Chef der Abteilung 4 (Asien), stieg zum Chef der Direktion 2 (Europa) auf. Der ehemalige Vizeaußenminister Constantin Oancea, der neun Jahre Botschafter des Conducators in Bonn gewesen war, wurde nach Bern versetzt. Der Schwager von Ilie Ceauşescu, Ilie Simon, ehemals Vizesekretär für Propaganda im Außenamt, wurde Direktor der UNESCO-Niederlassung in Bukarest. Zahlreiche Kommunisten, wie Ion Mina, ehemaliges Mitglied der Protokollabteilung des ZK, wurden ins Außenamt versetzt. Stanciu Brăescu, ehemals Kabinettschef des Sekretariats des ZK, sitzt ebenfalls im Außenamt. Siehe auch »Expres« vom Mai 1990.
13. Noch bei der Pressekonferenz am 21. 2. 1990 hatte General Stănculescu bekanntgegeben, daß die »437 Mitglieder der Direktion 5 in Rente geschickt« worden seien. Insgesamt habe man, so der General, »7139 Securisten« in den Ruhestand versetzt. Von den »1073 Mitgliedern der Direktion 4« seien »611 entlassen« worden. Der Rest wurde in die Armee integriert. Siehe »Le Monde« vom 21. 2. 1990.
Inzwischen hat die Direktion 4, wie schon unter Ceauşescu, unter anderem auch wieder die Bewachung westlicher Botschafter aufgenommen. Der in der Diktatur für die US-Mission zuständige Major Gabriel Stănescu arbeitet in der alten Funktion.

Die Struktur der Securitate

(bis 22. 12. 1989)

MINISTERIUM FÜR INNERES

Staatssicherheitsdienst (= Departamentul Securităţii Statului – DSS)

Generalinspektoriat der Miliz
Feuerwehrkommando
Kommandotruppen des DSS
Direktion für Strafwesen
Abteilung Reisedokumente
Abteilung Kader, Personal, Unterricht
Auslandsnachrichtendienst CIE
(= Centrul de Informaţii Externe)

Staatssicherheitsdienst (= Securitate)
1973–1978: Tudor Postelnicu
1978–1989: Generaloberst Julian Vlad

1. DIREKTION 1 (Inlandssicherheitsdienst):
   ca. 1500 Offiziere, zuletzt geleitet von Oberst Gheorghe Raţiu
   Dienst 1: Zuständig für bürgerliche Parteien, Verurteilte und subversive Organisationen

Dienst 2: Nationalisten (Deutsche, Juden, Ungarn)
Dienst 3: Dissidenten und illegale Grenzgänger
Dienst 4: Religiöse Dissidenten
Dienst 5: Subversion in Kunst und Kultur
Dienst 6: Subversion im Unterrichtswesen, Sport, Justiz, Forschung, incl. Beobachtung ausländischer Studenten
Dienst 7: Auswertung der Informationen

2. DIREKTION 2 (Wirtschaftsspionage):
ca. 1200 Offiziere, zuletzt geleitet von General Emil Macri.
Zuständig für die Spionageabwehr in Betrieben und Fabriken hatte diese Direktion insgesamt 12 Dienste.

3. DIREKTION 3 (Spionageabwehr):
ca. 900 Offiziere, insgesamt 16 Diensteinheiten, die nach Regionen eingeteilt waren:
- USA
- England und Kanada
- Portugal, Spanien, Italien und Frankreich
- Belgien, Dänemark, Luxemburg, Schweden, Norwegen, Finnland und die Niederlande
- Griechenland, Türkei, Zypern
- Arabische Länder
- Bundesrepublik Deutschland und Österreich

4. DIREKTION 4 (Militärische Abwehr):
ca. 3000 Offiziere, die je nach Waffengattungen und Armeen in Dienste eingeteilt waren; zuletzt geleitet von General Aurel Mortoiu.

5. Direktion 5 (Leib- und Palastwache):
ca. 500 Offiziere, zuletzt geleitet von General Marin Naegoe.

Dienst 1:	Leibwache bestehend aus zwei Sektionen: eine für Nicolae und die zweite für Elena Ceauşescu.
Dienst 2:	Leibwache, ebenfalls bestehend aus zwei Sektionen, wobei eine für die Mitglieder des Politischen Exekutivkomitees, die andere für ausländische Staatsgäste zuständig war.
Dienst 3:	Technischer Dienst
Dienst 4:	Information
Dienst 5:	ebenfalls
Dienst 6:	offiziell seit zehn Jahren aufgelöst; in Wirklichkeit Sondereinheit für den Ernstfall (Attentate etc.)
Dienst 7:	Transport
Dienst 8:	Palastwache

6. Direktion 6 (Ermittlungen):
ca. 50 Stellen, zur Hälfte mit Offizieren besetzt, die in der Regel Berichte erstellten. Zumeist mußten diese Untersuchungen Ceauşescu vorgelegt werden.

7. Technischer Dienst:
Überwachung des Fernmelde- und Briefverkehrs und die Installation von Abhöranlagen.

8. Dienst Filaj (= Observation):
Beobachtungen und zusätzliche Ermittlungen.

9. Kommando-Truppen:
insgesamt 34 Bataillone, die im ganzen Land statio-

niert waren; dazu noch wahrscheinlich vier unabhängige Bataillone in Bîstriţa, Buzău, Slatina und Ploieşti. Den Truppen stand zuletzt General Ghiţa vor. Der jeweilige Securitate-Chef Vlad hatte aber jederzeit Zugriff auf die Einheiten.

10. USLA (= Unitaţi Speciale de Luptă Antiteroriştă):
ca. 1200–1300 Mann zur Terroristenbekämpfung, die unter anderem den Schutz von Botschaften, Flugzeugen und Schiffen übernahmen. Die USLA verfügten zusätzlich über eine kleine Eingreiftruppe.
Letzter Chef Oberst Gheorghe Ardeleanu.

11. SONDEREINHEIT 0620 A:
zuständig für Spionageabwehr im Sicherheits- und Milizapparat.
Stationiert in Buzău.

12. SONDEREINHEIT 0110:
Überwachung der parteiinternen Dissidenten, die verdächtigt wurden, mit den Ungarn oder den Sowjets in Kontakt zu stehen.

13. SONDEREINHEIT 0195:
Überwachung des Botschaftspersonals sowie der im Ausland tätigen Offiziere des CIE.

14. CIE (Auslandsnachrichtendienst):
ca. 800 Offiziere. Die Abteilung wurde von einem stellvertretenden Innenminister geleitet und war, nach geographischen Gesichtspunkten in Direktionen eingeteilt, im Ausland aktiv:
– Europa

- Amerika
- Asien, Afrika und Australien
- rumänische Emigranten
- AVS (= Aport Valutar Special) Devisenbeschaffung im Ausland
- Unterstützung für besondere Aktivitäten

15. CI (= Contru Informaţie):
zuständig für Gegenpropaganda innerhalb des Landes.

Das gesamte DSS hatte schätzungsweise 10000 bis 20000 Dienstposten, von denen die große Mehrheit mit in der Securitate-Schule Băneasa ausgebildeten Offizieren besetzt waren.

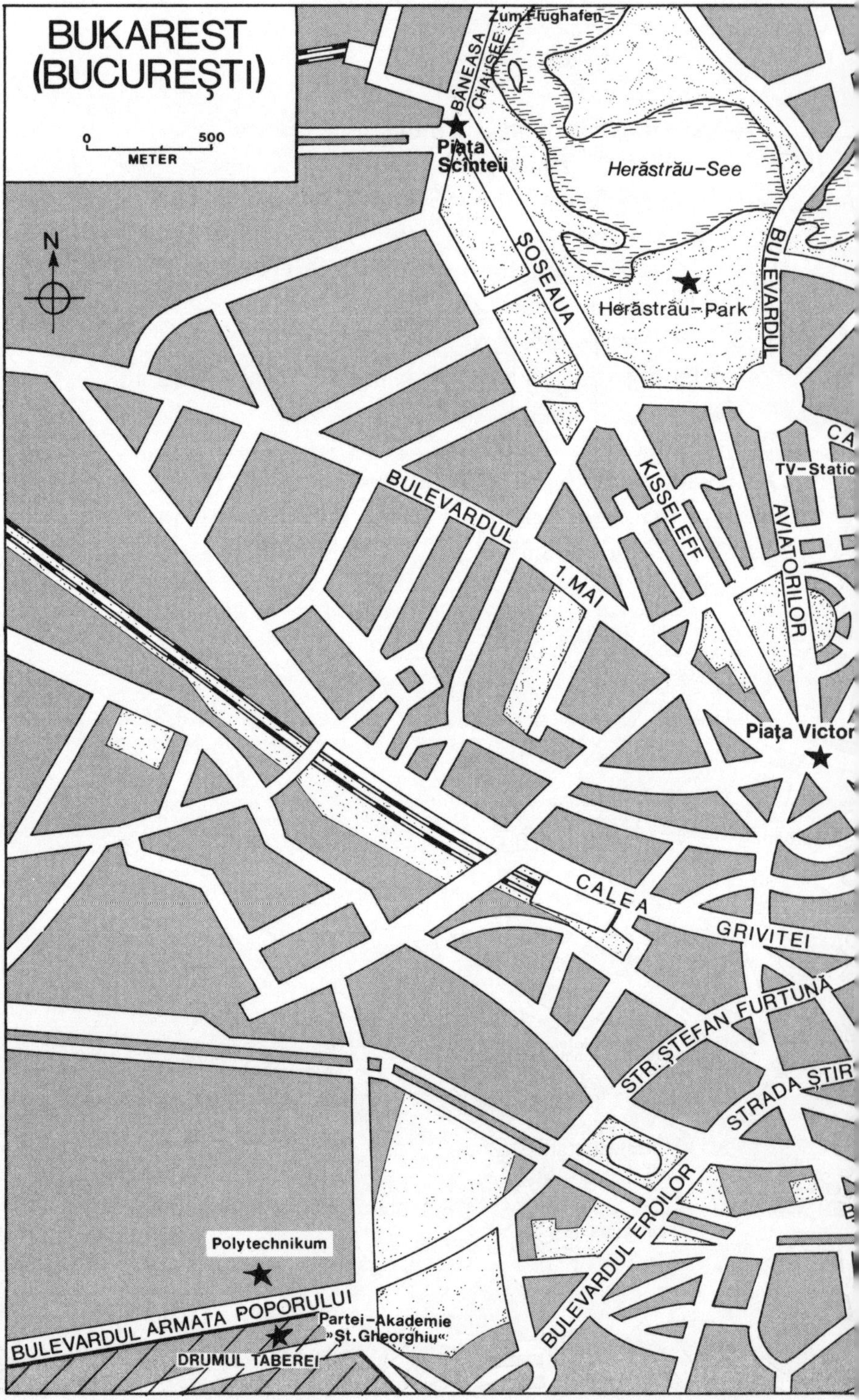

BUKAREST (BUCUREŞTI)
0
500
METER
N
Zum Flughafen
BÂNEASA
CHAUSSEE
Piaţa Scînteii
Herăstrău-See
Herăstrău-Park
ŞOSEAUA
BULEVARDUL
KISSELEFF
CA
TV-Statio
BULEVARDUL
1. MAI
AVIATORILOR
Piaţa Victor
CALEA
GRIVITEI
STR. ŞTEFAN FURTUNĂ
STRADA ŞTIR
STRADA
BULEVARDUL EROILOR
B
Polytechnikum
BULEVARDUL ARMATA POPORULUI
Partei-Akademie »Şt. Gheorghiu«
DRUMUL TABEREI

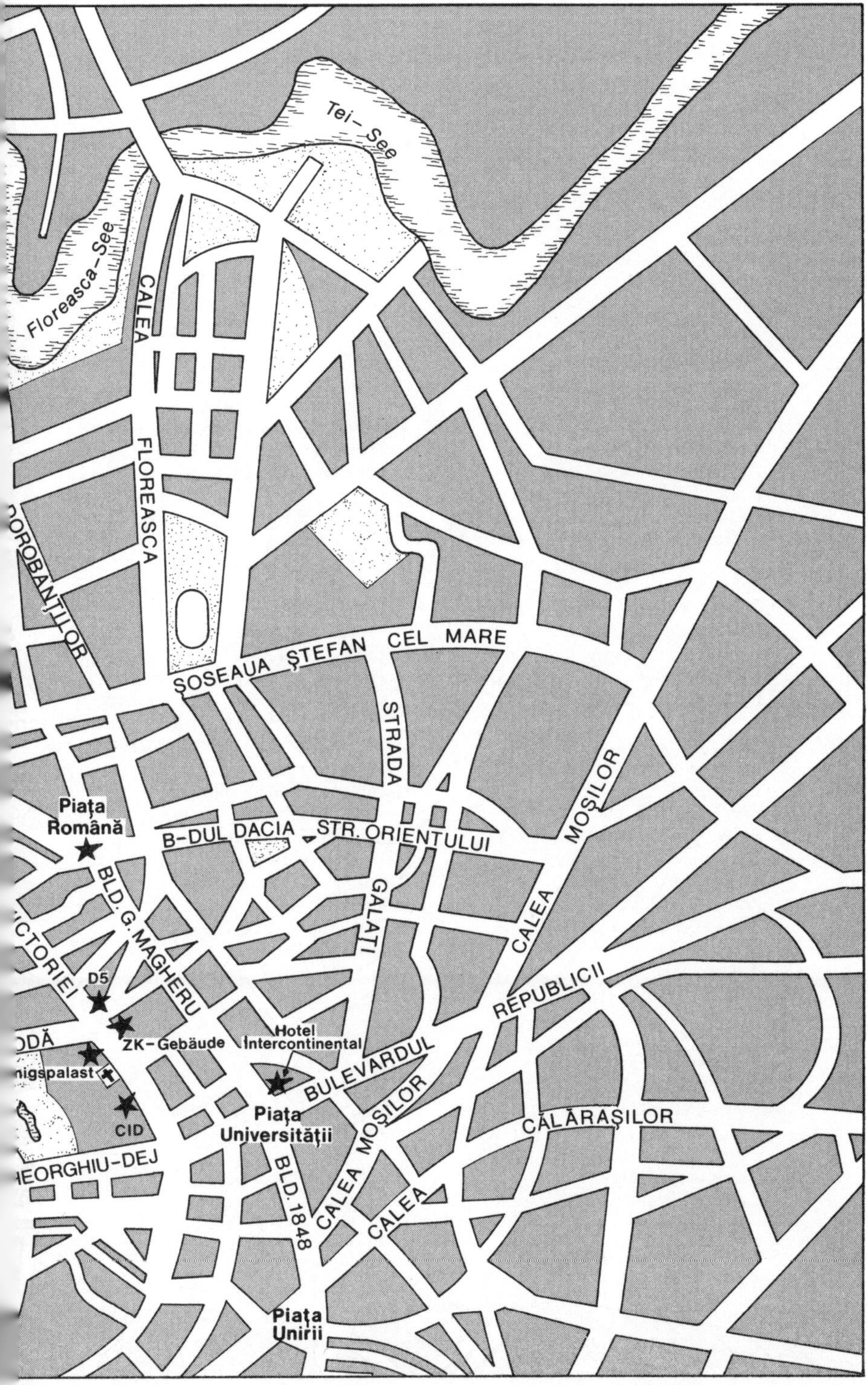
Tei-See
Floreasca-See
CALEA FLOREASCA
DOROBANȚILOR
ȘOSEAUA ȘTEFAN CEL MARE
STRADA GALAȚI
Piața Română
B-DUL DACIA
STR. ORIENTULUI
CALEA MOȘILOR
BLD. G. MAGHERU
CTORIEI
D5
ZK-Gebäude
ODĂ
nigspalast
CID
Hotel Intercontinental
BULEVARDUL REPUBLICII
Piața Universității
CALEA MOȘILOR
CALEA CĂLĂRAȘILOR
EORGHIU-DEJ
BLD. 1848
Piața Unirii

Namenregister